Ser editor, às vezes, é foda! É preciso fazer um exercício de adivinhação. Prever o efeito que um livro pode ter no mundo. O erro, claro, faz parte do processo. Mas tem um lado incrível nesse risco. Quando a gente acerta, acerta quase sempre no alvo. O livro do Caio Carneiro é, sem dúvida nenhuma, o nosso maior e mais impactante acerto. É preciso coragem, ousadia e uma dose de loucura, dele e nossa, para publicar um livro com um título tão provocador. Como costumo dizer, Deus gosta muito de mim. E acaba que nossas loucuras quase sempre dão muito certo. É uma alegria, uma vitória ver este livro chegar à extraordinária marca de 500 mil exemplares vendidos! Parabéns ao Caio e a todos que contribuíram para este sucesso. Mas, sobretudo, parabéns ao meio milhão de leitores que, assim como eu, acreditaram no livro.

Anderson Cavalcante

BUZZ

SEJA FODA:
Feliz
Otimista
Determinado
Abundante

© 2017 Buzz Editora

Publisher ANDERSON CAVALCANTE
Editora SIMONE PAULINO
Assistente editorial SHEYLA SMANIOTO
Projeto gráfico ESTÚDIO GRIFO
Assistentes de design LAIS IKOMA, STEPHANIE Y. SHU
Revisão DANIEL FEBBA, ELOAH PINA

Ícone: Noun Project
p. 72: Herbert Spencer

Dados Internacionais de Catalogação na Publicação (CIP)
(Câmara Brasileira do Livro, SP, Brasil)

Carneiro, Caio
Seja foda!: feliz, otimista, determinado, abundante /
Caio Carneiro. São Paulo: Buzz Editora, 2017.
208 pp.

ISBN 978-65-80435-46-3

1. Atitude 2. Desenvolvimento pessoal 3. Determinação
4. Felicidade 5. Marketing 6. Otimismo 7. Mudança de atitude
8. Sucesso profissional I. Título.

17-08693   CDD-650.1

Índices para catálogo sistemático:
1. Mudanças: Sucesso: Administração 650.1

Todos os direitos reservados à:
Buzz Editora Ltda.
Av. Paulista, 726 – mezanino
Cep: 01310-100 São Paulo, SP

[55 11] 4171 2317
[55 11] 4171 2318
contato@buzzeditora.com.br
www.buzzeditora.com.br

CAIO CARNEIRO

SEJA FODA!

Agradecimentos

Quero agradecer em primeiro lugar a Deus por Ele ser sempre tão presente em minha vida. À minha querida esposa, Fabiana, por ser minha grande companheira; a meus filhos, que são meu maior combustível de vida; a meus pais, por serem exemplos grandiosos de união; a meus familiares, que sempre me deram muito amor e carinho. Agradeço também aos meus Mentores, que foram grandes bússolas em minha vida; a meus amigos, com os quais tenho prazer de viver grandes histórias; e a todos que já cruzaram o meu caminho, pois tenho certeza de que de alguma maneira me deixaram alguma lição, contribuindo com a minha história. A todos os empreendedores que lutam por seus sonhos, em especial, aos da indústria do marketing de relacionamento que me transformou e despertou meu propósito de vida. Por fim, a todas as pessoas que deixam sua marca positiva por onde passam e que acreditam em um mundo feito de pessoas fodas.

11

Qual é a sua intenção?

15

Inspiração produtiva

35

Por que algumas pessoas não conseguem ter sucesso?

41

A importância da autoanálise

59

Crenças e hábitos inadequados

63

O segredo está na palma da sua mão

75

Os cinco pilares da construção do sucesso

201

Conclusão: Torne-se imortal

QUAL É A SUA INTENÇÃO?

Existem diversas razões que podem ter levado você a pegar este livro para ler. Talvez o título tenha chamado a sua atenção ou, quem sabe, foi por recomendação de alguém ou, ainda, você teve vontade de comprovar se o conteúdo deste livro realmente vinha ao encontro do título.

Embora não saiba o motivo pelo qual você se interessou por esta leitura, de uma coisa eu tenho certeza: aquele que decidiu ler este livro tem, mesmo que bem escondido dentro de seu peito e alma, a intenção de fazer algo diferente, algo que chamo de "a intenção de ser FODA" – isto é: Feliz, Otimista, Determinado e Abundante.

Quando escolhi o título "Seja FODA" para este livro, pensei em algo que causasse uma inquietação, um incômodo, que fosse bem provocador e que, acima de tudo, atraísse a atenção das pessoas que têm a intenção de realizar uma mudança em suas vidas. Porque, na minha opinião, a intenção é o que precede a mudança. Quando a pessoa tem a intenção de mudar, ela já deu o primeiro passo para a transformação.

Mudanças fazem parte da vida: este é um fato que não se pode negar. É comum ouvirmos que a única coisa permanente na vida é a mudança. Então, com certeza, mudanças estão acontecendo ou acontecerão em sua vida. Mesmo que você sinta que está tudo bem, sempre existe uma necessidade de mudar, para que você possa crescer e evoluir.

Contudo, se você tem alguma inquietação ou insatisfação, e acha que poderia obter mais da vida do que tem agora, então, com certeza, você procura por mudanças urgentes.

Em qualquer um desses casos, este livro é para você. Se você está vivo, então existe uma necessidade constante de mudança em sua vida. E para mudar da forma correta, você precisa ser FODA.

QUANDO VOCÊ TEM A CORAGEM
DE DIZER "AGORA CHEGA!",
VOCÊ DÁ O PRIMEIRO PASSO PARA
TORNAR-SE FODA.

A boa notícia é que, neste momento, posso dizer, sem medo de errar, que você já avançou muito nesse processo. Sim, porque a sua intenção já foi transformada em ação quando você decidiu ler este livro. É em um momento de decisão como este que seu destino é traçado.

As decisões são como bifurcações que aparecem em nossas vidas. Uma decisão acontece no momento em que a estrada se divide e você escolhe ir para a esquerda ou para a direita, opta por uma nova rota. É quando você diz "Agora chega!" para uma situação incômoda e parte para uma nova perspectiva de vida.

"Agora chega!": essa é uma das expressões mais transformadoras que conheço. Você recomeça a viver quando tem a coragem de dizer "Agora chega!" e passa a olhar sua vida em busca de novos horizontes, desafios e uma nova maneira de caminhar até seus sonhos. Quando você tem a coragem dizer "Agora chega!", posso afirmar, com toda a certeza, que você deu o primeiro passo para tornar-se FODA.

Então, que a sua decisão de se tornar FODA se transforme na ação que você precisa para alcançar o que sempre desejou e ser quem você sempre sonhou.

INSPIRAÇÃO É MAIS QUE MINHA PAIXÃO, É MEU PROPÓSITO.

INSPIRAÇÃO PRODUTIVA

Essa é uma frase que tenho tatuada no meu braço para ficar à minha vista, para que eu me lembre sempre dela, porque ela é o que define a minha busca pelo sucesso, dia após dia.

Considero o sucesso um ingrediente fundamental na vida das pessoas – o sucesso completo, em todas as áreas da vida simultaneamente. E depois de um tempo trabalhando e vivendo o sucesso, descobri algo muito importante: a diferença entre **sucesso** e **significância**. Sucesso é o objetivo que atende às suas expectativas. Significância é você estender o seu sucesso a outras pessoas. Então, quando falo em sucesso, falo também em ser significativo, em fazer uma diferença positiva neste mundo.

Escrevi este livro para ajudar você a ser bem-sucedido, a estender o sucesso e a forma como é possível obtê-lo. Porque é mais prazeroso quando você trabalha para que o sucesso seja significativo na vida de alguém, além da sua própria. E quero começar aqui, agora mesmo, a contar sobre um grande segredo que descobri: se quer ter sucesso completo em sua vida, você tem que ser FODA: Feliz, Otimista, Determinado e Abundante.

SE QUER TER SUCESSO COMPLETO EM
SUA VIDA, VOCÊ TEM QUE SER FODA.

Uma das maiores descobertas que fiz ao longo da minha vida foi a de que toda pessoa que alcança resultados de alto nível, independentemente do segmento em que atua, sempre tem um conjunto de convicções, pensamentos, comportamentos, atitudes e ações a que eu chamo de Nível de Padrões FODA. Por isso, considero que a minha missão, por meio deste livro, é despertar o lado FODA que há em você.

Para isso, quero provocá-lo de modo a despertar em você uma inspiração. Aquele tipo de inspiração que faz com que você não apenas tenha o espírito elevado e sonhe com coisas inimagináveis, mas que também o torne consciente do que precisa fazer para traçar um caminho real até suas metas, colocando a mão na massa para construir os seus sonhos.

No entanto, é necessário que você saia do padrão, recuse o óbvio, faça além do que é esperado, comece a se questionar mais sobre tudo em que acredita, saia da sua zona de conforto e comece a fazer muito mais do que é realmente necessário para levá-lo onde você quer chegar.

Neste ponto, quero alertá-lo sobre a clareza dos seus objetivos, porque existe uma diferença imensa entre **sonho** e **delírio**. Delírio é um sonho sem viabilidade, porque não se sabe o que, como e nem por que fazer. Apenas se tem um desejo, mas não se reconhece o que é preciso fazer para melhorar, evoluir e colocá-lo em prática.

DELÍRIO É UM SONHO SEM VIABILIDADE.

Ser FODA é fazer com que seus sonhos se tornem viáveis para que você possa correr atrás deles sabendo exatamente como realizá-los.

Mas, não se engane, não vou dar nenhuma fórmula específica para o seu sucesso. Vou mostrar a você os padrões de comportamento e atitudes que usei – e uso – para conquistar resultados incríveis em minha vida, seja como pai, amigo, empreendedor, seja como ser humano. E garanto que, se você estabelecer esses padrões e atitudes em sua vida, você também vai ser FODA e conquistar o sucesso pleno.

Nosso grande objetivo nesta caminhada que faremos juntos é criar o que chamo de Inspiração Produtiva, para que você possa se tornar FODA em todas as áreas da sua vida. Uma inspiração com a qual você eleva o seu estado de energia, torna-se mais alegre e confiante e ainda conquista o discernimento de que precisa para agir, para colocar em prática tudo o que é necessário enquanto trilha a jornada para o sucesso. A Inspiração Produtiva traz uma visão muito clara de tudo o que é preciso colocar em prática. Por isso, além de deixar sua alma mais leve, ela gera resultados.

E é neste livro que você encontrará os meios para reconhecer o que precisa ser feito para conseguir isso. Terá uma visão clara de que direção seguir e será estimulado a dar o primeiro passo para realizar o que deseja. E ainda descobrirá como continuar na estrada até atingir a realização de seus objetivos.

VOCÊ ESTÁ A UM PASSO DE SEU PRÓXIMO NÍVEL DE CRESCIMENTO E SUCESSO.

Acredito fortemente que todos estamos a um passo de alcançar nosso próximo nível de crescimento e sucesso. Muita gente acha que para obter um resultado extraordinário é preciso fazer algo sobrenatural. Mas não! A verdade é que sempre estamos muito perto do nosso próximo nível. Por isso, neste livro, você encontrará ferramentas poderosas para influenciar positivamente as suas ações para empreender e ter sucesso com isso. E, ao final desse processo, terá provocado uma transformação positiva na sua vida.

A EMPOLGAÇÃO É PASSAGEIRA
E INERTE, A MOTIVAÇÃO É ATIVA E
PRODUTIVA.

A vida está nos detalhes. Mas, para percebê-los, você precisa ter uma mentalidade FODA. Muitas vezes, a percepção repentina de algo – pode ser algo bem óbvio, mas que estava disfarçado em sua vida – faz a transformação acontecer. A evolução para o próximo nível surge a partir de um pequeno toque, de um olhar diferente sobre determinadas situações, um detalhe sutil que faz você se mover com determinação na direção certa.

Por isso, quero deixar claro que este livro é bem prático e tem o propósito de ajudá-lo a buscar soluções. Mas não tenho a intenção de empolgar ninguém. Existe muita coisa no mundo que serve apenas para gerar empolgação. Costumo dizer que não gosto da palavra empolgar. Para mim, empolgação é algo passageiro, que não se sustenta.

Prefiro despertar o lado FODA das pessoas e motivá-las a aplicar esse conceito no dia a dia. A empolgação é passageira, mas a motivação é produtiva. A motivação – motiva a ação – faz-nos sair do lugar, enquanto a empolgação transforma-nos em pessoas alegres, mas inertes. E essa alegria dura apenas um período curto, porque estar empolgado, apenas, não gera a transformação de que você precisa para mudar a sua vida. A empolgação pura e simples não torna ninguém FODA.

A GRANDEZA EXISTE
PARA AQUELES QUE DESEJAM
SER GRANDES.

Quero ajudar você a prestar mais atenção à sua volta, para não deixar que nenhum detalhe importante escape. É preciso que você tenha consciência de que tem o poder de fazer a transformação que deseja na sua vida. Você tem o poder de ser FODA. Você tem a grandeza necessária para alcançar o sucesso completo.

Muitos acreditam que a grandeza existe apenas para os escolhidos, mas a verdade é que a grandeza existe para aqueles que desejam ser grandes. E, por isso mesmo, pode existir para você também.

O INDICADOR UNIVERSAL DE
QUE VOCÊ ESTÁ INDO
PARA FRENTE SÃO OS SEUS
RESULTADOS.

Estou muito tranquilo a respeito de tudo que escrevi neste livro, porque tenho a certeza de que as estratégias a que me refiro podem realmente ajudar você a ser FODA. Reuni um material que desenvolvi por meio da prática e da aplicação no dia a dia, testando cada passo até obter a certeza de que funcionava de verdade. Ninguém me ensinou o que está escrito aqui, não aprendi isso em nenhum curso, não é de alguém de quem eu ouvi falar, ou de algum livro que li. Tudo aconteceu comigo, ao longo da minha estrada, e funcionou e ainda funciona para mim.

Tudo o que trago para você tem embasamento no que eu chamo de indicador universal de que você está indo para frente: **os seus resultados**. Sim, os seus resultados são a prova de que o que você faz e fala tem significado e produz efeito.

COPIAR O QUE É BONITO NÃO É FEIO.

Isto quer dizer que tudo o que você vai ler já aconteceu comigo. Trilhei diversos caminhos para descobrir o segredo do sucesso. E você pode comprovar isso por meio dos meus resultados! Acredito que minha experiência será muito útil para ajudar a encurtar o seu caminho para se tornar FODA e mudar a sua vida para melhor. Sim, porque você não terá que descobrir tudo sozinho, como eu fiz. Ou seja, ao ler este livro, você terá uma vantagem enorme. Convido você a aproveitar ao máximo essa jornada e assim encurtar sua curva de aprendizado. Vamos juntos?

Não esqueça: o sucesso deixa rastros. Nenhum desafio é único, e você não será o primeiro a passar por um determinado caminho. Então, por mais que existam diversas trilhas a seguir, sempre haverá alguém que já passou por ela antes e deixou suas pegadas. Não importa a batalha que você esteja lutando, a jornada que escolheu seguir, se você já empreendeu antes ou não, se os seus objetivos parecem únicos e diferentes dos outros, sempre haverá alguém com quem você poderá aprender.

A pessoa esperta é aquela que aprende com o erro – e com os acertos – dos outros. Desse modo, você vai poupar uma boa quantidade de tempo, energia e esforço. E isso é importante, porque se tivéssemos todo o tempo do mundo, qualquer coisa seria possível. Mas, infelizmente – ou felizmente – não temos. Por isso, temos de dar valor ao aprendizado e ao discernimento de seguir os rastros que o sucesso dos outros nos deixa.

TÃO IMPORTANTE QUANTO APRENDER É COLOCAR EM PRÁTICA O QUE VOCÊ APRENDEU.

Siga a trilha de quem já abriu a picada, o caminho. Você não precisa descobrir um caminho novo toda hora. Não tente reinventar a roda. Use a roda pronta para ir mais longe.

Este livro contém tudo o que funcionou para mim, o que deu certo na minha estrada, o que tenho certeza de que você pode aplicar e que, se colocado em prática, vai mudar a sua vida. Com base no que vai ler aqui, você terá em suas mãos o que precisa para ser FODA.

Mas atenção: tão importante quanto aprender é colocar em prática o que você aprendeu. Se você apenas apreender todo o conteúdo deste livro e não colocá-lo para funcionar na sua vida, nesse caso, você terá apenas uma obesidade mental. Vai ter excesso de conhecimento sem nenhum resultado real na sua vida.

A VIDA SÓ PASSA RÁPIDO PARA QUEM
PASSA POR ELA.

Não importa o quanto você já viveu até aqui. O que importa mesmo é a intensidade de prática que você imprimiu em sua vida. Durante a maior parte da minha vida, priorizei a intensidade da prática para obter os resultados que tenho hoje. Por isso, tenho certeza de que posso ajudar você a andar mais rápido e crescer em direção aos seus sonhos.

Aproveite para fazer valer o seu tempo. Muitos dizem que a vida passa tão rápido que não há tempo suficiente para realizar todos os sonhos. Mas a vida só passa rápido para quem passa por ela. Para aquele que vive com intensidade, a vida demora a passar e o tempo se multiplica, propiciando a oportunidade para fazer tudo o que realmente importa.

Contudo, você deve estar se perguntando: "Tudo bem! Entendi. Mas como faço para ser FODA?". A resposta é: venha comigo que vou mostrar a você.

Descobri um tipo de comportamento que vai ajudar você a ser FODA. Ainda mais: percebi que esse tipo está na palma da sua mão. Na verdade, ele está mesmo nos dedos de sua mão. Fiz uma associação de cada um dos cinco pilares que o levarão a ser FODA – Positividade e otimismo; visão e direção; atitude e execução; compromisso e valores; controle emocional e detalhes – com os dedos da sua mão. Assim, vai ficar mais fácil para você se lembrar sempre do que é importante para agir na direção do sucesso. Detalharei esses pilares nas próximas páginas.

POR QUE ALGUMAS PESSOAS NÃO CONSEGUEM ALCANÇAR O SUCESSO?

Algumas pessoas não conseguem ter sucesso porque não utilizam todos os recursos que têm disponíveis para trabalhar. Elas não se entregam por completo em busca do que desejam.

Não se engane: o sucesso é 100%. Não existe a possibilidade de usar 70% dos recursos para obter 70% de sucesso. Ou é 100% ou nada. Digo sempre para as pessoas que, nesse caso, o bom é inimigo do ótimo. Porque não dá para aceitar menos do que a dedicação total para conquistar e manter o sucesso.

Sucesso é igual fidelidade: ele só aceita 100%. Se você é casado ou tem uma relação exclusiva com alguém, experimente dizer para essa pessoa que a ama infinitamente e que é 99% fiel a ela. Resultado: você acabará com o seu relacionamento. Com o sucesso é a mesma coisa: ou você se entrega 100% ou ele vai virar a cara para você.

Quando você se dedica totalmente a algo, sem dúvida, vão surgir opiniões contrárias, críticas e comentários desmotivadores. Isso faz parte do modo de ser de quem não tem a coragem de se entregar totalmente a um objetivo.

Lembro-me bem de quando comecei a empreender. Fui muito criticado, condenado e me tornei motivo de piada dos meus amigos, porque eles me consideravam uma pessoa bitolada naquilo que eu estava fazendo. Algumas pessoas até se afastaram de mim.

É claro que tudo isso me chateava. Até perceber que "ser bitolado" é o principal indicador do sucesso. É claro que é preciso ter equilíbrio na vida para balancear todas as áreas, mas o sucesso vai exigir que você se entregue 100% a ele por um tempo determinado. Quando você quer vencer, não existe aquela história de fazer o que dá para ser feito. É uma paralisia mental achar que você pode dedicar apenas uma parte do seu foco aos seus objetivos e, ainda assim, ser bem-sucedido.

NÃO SE ENGANE: O SUCESSO É 100%.
OU ELE É 100% OU É NADA.

Depois de um tempo, descobri que a palavra "bitola" nada mais é do que a largura entre os lados internos de um trilho ferroviário. E isso é incrível, porque, metaforicamente, quer dizer que uma pessoa bitolada, no final das contas, é aquela que não sai do trilho, não sai do caminho, não desvia sua atenção e não sai da estrada.

SER BITOLADO É O PRINCIPAL INDICADOR DE QUE VOCÊ ESTÁ NO CAMINHO DO SUCESSO.

Então, você terá que usar o seu melhor, a sua capacidade máxima, empenhar-se em fazer muito mais e não apenas o que é possível. Você terá que ser FODA se quiser sair do lugar-comum e deixar de ser apenas mais um na multidão.

Quando uma pessoa não tem sucesso, não há outra explicação: ela não usa com sabedoria todos os recursos disponíveis e necessários. Ela pode até ser dedicada a muitas coisas boas, mas, com certeza, deixa de lado muitos detalhes importantes.

Há muita gente com valores e ética irrepreensíveis, mas sem atitude. Essas pessoas, embora virtuosas, não saem do lugar e acabam desperdiçando o seu potencial.

Também existem aquelas que têm pegada e atitude, mas não possuem virtudes. Então, possivelmente, elas se transformarão em fracassados bem pagos.

Há, ainda, aqueles que possuem virtudes e atitude, mas não têm equilíbrio emocional. Então, frustram-se rápido e desistem muito cedo.

Sem contar as pessoas que possuem controle emocional, atitude e virtudes, mas não sabem onde estão indo. Permanecem andando em círculos, não têm uma direção a seguir e não chegam a lugar algum.

Por fim, há certas pessoas que têm direção, atitude, virtudes e equilíbrio emocional, mas não carregam positividade e otimismo. Por isso, não conseguem permanecer num estado de ânimo firme e determinado para continuar lutando até o dia da colheita.

A IMPORTÂNCIA DA AUTOANÁLISE

Pode parecer estranho num primeiro momento, mas a verdade é que para percebermos onde estamos indo é muito importante saber de onde estamos vindo. Sim, porque temos uma estranha mania de repetir os erros do passado e, consequentemente, acabamos encontrando sempre os resultados anteriores – ou a mesma falta deles.

Nosso passado é a fonte de referências sobre quem somos e como nos comportamos. Se analisarmos nosso presente e compararmos os resultados desse momento com o nosso passado, podemos perceber aquilo que precisamos mudar em nós mesmos para conseguir dar um rumo certo para a nossa vida. Um rumo que pode nos levar onde quisermos ir, para realizarmos os sonhos que quisermos realizar. Essa análise precisa nos direcionar para novas atitudes, diferentes daquelas que não nos levaram para onde queríamos ter ido.

É bom que fique claro que a mudança acontece na vida de quem recusa o óbvio, de quem se questiona e procura ser e fazer diferente do que sempre fez. Se o seu passado não o levou ao sucesso, você tem que mudar o que vem fazendo.

Minha primeira experiência empreendedora foi em 1998. Eu tinha 12 anos de idade, quando meu pai começou a me dar mesada. Ele me alertou: "Você precisa aprender a administrar o seu dinheiro. Vou dar a você cem reais por mês para que possa comprar comida na escola, fazer suas coisas e comprar o que você deseja. Se faltar, você vai ter que se virar. Se sobrar, não precisa me devolver".

Não sei muito bem a origem deste sentimento que foi despertado em mim, mas eu costumo chamá-lo de **insatisfação positiva progressiva permanente**. Sou um eterno insatisfeito e vejo que a insatisfação é o que me move. Sempre me questiono, recuso o óbvio, não aceito padrões e nunca fui conformado. Para mim,

PARA PERCEBER ONDE VOCÊ ESTÁ INDO
É IMPORTANTE SABER
DE ONDE VOCÊ ESTÁ VINDO.

ser conformado significa ter a forma que alguém diz que você deve ter.

Então, naquela época de escola, eu ficava pensando em como poderia tornar aqueles cem reais em duzentos ou mil. Porque meu pai não me daria mais mesada, e eu queria ter mais retorno desse dinheiro.

Naquela época, eu era um estudante medíocre. Meus pais, Clovis e Mary, chamavam-me de "seis e meio", porque a média para passar de ano era seis, e eu sempre tirava seis e meio em tudo. Era sempre assim. Eu fazia o mínimo possível para poder passar de ano. Não entendia por que era preciso estudar tudo aquilo que a escola ensinava. E quando a gente não tem um motivo muito forte para fazer alguma coisa, a gente nunca se entrega com intensidade. Eu sempre me perguntava qual a razão para aquilo, mas ninguém me dizia. Por isso, eu não me entregava.

Hoje, sei que medíocre é aquela pessoa que, tendo condições de fazer o melhor de si, contenta-se em fazer o possível – o mínimo aceitável, o mínimo necessário. E eu era essa pessoa e fazia o possível só para passar de ano. Nunca passei direto, porque sempre usei tudo o que podia para postergar ao máximo meus esforços na escola. Não via sentido em tirar notas mais altas do que o necessário para passar.

Por isso, sempre digo que é muito importante adquirir conhecimento. Que você saiba para que, por que e o que você vai fazer com esse conhecimento. Senão, você vai gerar uma paralisia mental e não vai se dedicar a aprender direito.

Voltando à minha história do tempo da escola, analisei como eu poderia fazer os cem reais tornarem-se duzentos. Então, percebi que havia um grande problema a ser resolvido. Todo mundo que ia à escola tinha um importante motivo para estar lá: viver a hora mágica do recreio. Aquele era um período bem curto, mas valia o esforço de passar cinco horas na sala de aula, acordar cedo e voltar no dia seguinte, apenas para viver aqueles vinte minutos mágicos chamados de recreio.

Mas havia um grande desafio: quando tocava o sinal para saírmos, formava-se uma fila quilométrica na cantina para que todos pudessem comprar fichas e garantir os seus lanches. Então eu vi que as pessoas perdiam preciosos minutos daquele momento para ficar na fila.

Comecei, desde muito cedo, a perceber que empreender nada mais é que ajudar alguém a resolver um problema da vida. É ajudar alguém a resolver um problema e ser remunerado por isso. Assim, todos ficam felizes.

Quando meu pai me deu a mesada do mês seguinte, fui à minha escola, fora do período de aula, e investi toda a minha mesada comprando fichas da cantina – comprei cinquenta reais em fichas vermelhas, que valiam um salgado; e cinquenta reais em fichas amarelas, que valiam um refrigerante.

No dia seguinte, coloquei uma pochete na cintura e as fichas dentro dela. E, quando tocou o sinal do recreio, foi aquela correria para a cantina. Então, falei para todos: "Não precisam correr. Eu tenho as fichas aqui. Custam três reais cada". Na cantina, elas custavam dois reais. E, ainda, dizia com ênfase: "Se quiserem comprar na cantina é mais barato, mas vão perder os momentos preciosos do recreio na fila."

De alguma forma, eu havia percebido que esse sentimento de perda era muito forte. Forte a ponto de a pessoa pagar pela ficha mais cara apenas para **não perder** o tempo do recreio. Só depois, percebi que uma pessoa não trabalharia 24 horas por dia para comprar uma casa nova, mas trabalharia 24 horas por dia para **não perder** sua casa. As pessoas trabalham muito mais para não perder alguma coisa.

A verdade é que aquele um real que eu cobrava a mais não era nada comparado aos preciosos minutos do recreio. E, então, comecei a vender muito. Passado certo tempo, na classe, os colegas começaram a jogar bolinhas de papel na minha cabeça antes do recreio. Eram pedidos! Eu comecei a tirar pedidos já na sala de aula!

O negócio cresceu tanto pelo boca a boca que, mesmo antes de tocar o sinal, as pessoas, inclusive de outras classes, tentavam uma maneira de comprar fichas comigo. E eu já não dava mais conta de atender a todo mundo.

Convidei alguns amigos para uma reunião na escola. Mostrei a eles o negócio que havia criado, o investimento necessário e o retorno que ele proporcionava. Propus então uma parceria com eles. Alguns não queriam usar uma pochete feia na cintura porque não se sentiam ainda prontos para começar um negócio do zero e de modo tão precário. Foi aí que percebi que nem todo mundo estava disposto a comprar a minha ideia. Outros, porém, tomaram a decisão de trabalhar comigo. Ensinei tudo a eles e, então, passei a ter uma porcentagem dessas vendas também.

Acabei abrindo uma rede paralela de venda de salgados e refrigerantes da cantina da escola, eliminei a fila e multipliquei minha mesada. Mas meu pai foi chamado pela coordenação da escola para ser notificado de que eu tinha de parar com o negócio, porque não era bom para o meu aproveitamento escolar. Porém, meu pai ficou muito feliz por eu ter colocado minha cabeça para pensar.

Essa foi a minha primeira experiência em negócios. Como tudo começou? Pela minha recusa em aceitar o óbvio, por ser diferente e questionador.

Então, meu conselho aqui é: pergunte a si mesmo o que você quer. Você está bem? Está satisfeito? Está feliz? O que realmente preenche a sua vida e qual é o sentido da felicidade para você? O que você quer mudar na sua vida?

Lembre-se: toda mudança acontece a partir do reconhecimento de uma necessidade de mudança e da coragem de recusar o óbvio.

TODA MUDANÇA ACONTECE
A PARTIR DO RECONHECIMENTO DE
UMA NECESSIDADE DE MUDANÇA E DA
CORAGEM DE RECUSAR O ÓBVIO.

Outro ponto importante para chegarmos onde queremos é saber exatamente onde estamos. Em toda viagem, você só pode traçar um caminho se tiver um mapa (atualmente um GPS), souber onde quer chegar e onde está atualmente. Somente com esses três elementos você pode desenhar por onde passará a sua jornada.

Por exemplo, se você pegar um GPS, ele vai verificar o ponto em que você está e só depois vai lhe perguntar onde você quer chegar. Quando tiver essas duas informações confirmadas, só então ele traçará a sua rota. Caso, por alguma razão técnica, o aparelho não consiga localizar onde você está, ele será incapaz de determinar a sua rota de viagem.

VOCÊ SÓ PODE TRAÇAR SEU
CAMINHO SE TIVER UM MAPA (OU GPS),
SOUBER ONDE ESTÁ AGORA
E ONDE QUER CHEGAR.

Pois bem. Você tem agora este livro em mãos. Ele vai ser o seu GPS, o seu mapa. Você já sabe que quer chegar ao sucesso. Então, resta saber em que ponto você está agora. Por isso é hora de você fazer algumas perguntas que ajudarão você a descobrir quais atividades serão necessárias na sua jornada, de modo que o seu caminhar o leve diretamente para o sucesso. Neste momento, você precisa definir o seu ponto de partida.

Então, pense com calma nas seguintes colocações e perceba com quais delas você se identifica mais, ou em que pontos você sente necessidade de mudar algo na sua vida:

- ! Algumas pessoas não utilizam todos os recursos que têm disponíveis para trabalhar pelo seu sucesso.
- ! Muitos empreendedores falham porque fazem apenas o que lhes é possível e não se empenham em dar o seu melhor para obter o sucesso.
- ! Muitas pessoas se dedicam a fazer várias coisas boas, mas deixam de lado detalhes importantes que as levariam ao sucesso.
- ! Certas pessoas são completamente sem atitude. Elas não saem do lugar e desperdiçam o potencial delas.
- ! Muitos empreendedores não têm equilíbrio emocional para lidar com as dificuldades naturais de uma carreira ou negócio de sucesso.
- ! Existem pessoas que se frustram muito rápido e desistem muito cedo de seus objetivos.
- ! Algumas pessoas não sabem nem onde estão nem para onde estão indo. Giram em círculos e não vão a lugar algum.
- ! Algumas pessoas não têm positividade e otimismo. Só veem problemas onde muitas vezes existem grandes oportunidades.
- ! Muitos empreendedores não conseguem permanecer num estado de ânimo firme e determinado, para continuar lutando até o dia da colheita.
- ! Existem pessoas que sofrem da "crença no demérito". Elas não se sentem merecedoras do sucesso.

SUA VIDA ESTÁ ENTRE O SEU MAIOR
DESEJO E O SEU MAIOR TEMOR.

Existem outras questões também importantes, mas essas por hora já são suficientes para você pensar e avaliar quais são os pontos em que precisa trabalhar para conquistar o sucesso. Ao longo deste livro, buscaremos juntos outras necessidades de mudanças que você precisa operar na sua vida para tornar-se FODA e construir um sucesso consistente e duradouro.

Por enquanto, é importante compreender: mesmo que você tenha se identificado com diversas dessas situações mencionadas anteriormente, isso faz parte da jornada para o sucesso. Isso faz parte da vida e é o que dá sabor ao seu viver.

CORAGEM NÃO É AUSÊNCIA DE MEDO,
E SIM AVANÇAR, APESAR DO MEDO.

Para conquistar os seus sonhos, será necessário lidar com medos e desafios. É muito importante ter esse discernimento. Nossas maiores realizações estão ali no meio, entre os nossos maiores desejos e os nossos maiores temores.

Se você tem uma meta, um objetivo, que não lhe causa um desconforto, um frio na barriga de pensar no que você vai ter de enfrentar para alcançá-lo, é porque ele não é transformador o suficiente.

Por isso, é muito interessante quando você tem um grande medo, um grande bloqueio, uma grande indecisão. É nessa direção que você tem que correr, vencendo-a. Lembre-se de que é preciso avançar, apesar dos medos e das dificuldades. Essa é a luta que realmente vale a pena.

AS PESSOAS CONSIDERAM DESAFIOS
COMO PROBLEMAS. MAS,
PELO CONTRÁRIO, PROBLEMA É
QUANDO NÃO HÁ DESAFIO.
TODO DESAFIO TEM UMA RECOMPENSA.

É muito importante ter essa consciência, porque, muitas vezes, diante de um desafio, se pegará dizendo frases como "este obstáculo é muito grande", "isto eu não consigo vencer", "isto não dá", "isto é muito para mim"...

Entenda que, quando você encontra um grande desafio, é como se achasse um baú. E, ao abri-lo, você encontrasse uma recompensa. Isso porque todo desafio tem uma recompensa por trás dele.

Eu gosto muito desse modo de encará-los. As pessoas consideram desafios como problemas, mas, pelo contrário, digo que problema é quando não há desafio. Quem não tem desafio não cresce, não evolui, não ganha, não conquista, não está subindo. Aquele que sabe que é necessário passar pelo medo, romper uma barreira e transpor um limite para seguir crescendo, comemora sempre que vê um desafio.

Por mais que seja difícil e desafiadora a circunstância que você esteja vivendo, comemore a sua luta e siga em frente porque, quando a tempestade passar, o céu azul aparecerá.

A VIDA NÃO É FEITA APENAS PARA SOBREVIVER E SIM PARA VIVER. VIVER INTENSAMENTE E MUITO BEM.

Tenha essa visão especial quanto aos desafios e isso vai favorecer muito a sua postura diante de todos os que surgirem em sua jornada até onde você quer chegar. Prepare-se para os desafios e viva intensamente a sua luta, as suas conquistas, as suas vitórias.

CRENÇAS E HÁBITOS INADEQUADOS

Quando uma pessoa não tem sucesso, isso significa que ela não está se dedicando com todos os seus recursos ao trabalho necessário. Ela está falhando em coisas básicas, sem as quais não é possível ser FODA e o sucesso sobreviver.

Entre essas coisas básicas para ser FODA, é necessário investir seriamente em pensamentos e posturas positivas e construtivas. Muitas pessoas alimentam crenças e hábitos que não condizem com o sucesso. Mesmo que desejem ser bem-sucedidas, acabam alimentando crenças que as travam, que as prendem na situação em que estão e as impedem de avançar para a realização de seus sonhos.

Quando uma pessoa não tem sucesso, normalmente, é porque ela está amarrada a crenças e hábitos inadequados que provocam situações indesejáveis e as levam a posturas impróprias, como as listadas a seguir:

- ! **A crença no demérito:** muitas vezes, as pessoas até têm um sonho muito claro, mas têm a crença no demérito. Não acham que merecem conquistar aquilo com que sonham.
- ! **Negatividade:** toda pessoa negativa tem um problema para cada solução. Ela não é capaz de ver o lado bom de nada que acontece em sua vida.
- ! **Falta de uma visão clara do que quer:** quando a pessoa não tem uma visão clara de qual é a conquista que quer realizar, é muito fácil desistir.
- ! **Falta de foco:** a pessoa vive se envolvendo em distrações, em situações que boicotam seus esforços.
- ! **Imediatismo:** há pessoas que vivem trocando o que mais querem a longo prazo pelo que precisam no dia de hoje.

- **Não agem forte o suficiente, nem pelo tempo necessário:** fazem corpo mole, empurram com a barriga, desistem ao menor sinal de dificuldade.
- **Preocupação em vez de ação:** existem pessoas que se preocupam mais do que agem. Em vez de imaginar a prosperidade, teimam em pensar apenas nos desafios que existem ao longo da trajetória.
- **Medo do fracasso:** pessoas que temem fracassar, como se isso fosse a pior coisa do mundo. Elas não entendem que o fracasso é só uma passagem, é uma etapa do sucesso.
- **Não se comprometem:** é impossível ter sucesso sem estar comprometido com o que você quer realizar. A atitude FODA exige compromisso com o seu objetivo de vida. Pessoas que não se comprometem não chegam ao sucesso.
- **Falta disciplina e compromisso:** o compromisso é a única ponte que liga a habilidade aos resultados. Se você não tem compromisso, então não tem disciplina e nunca vai obter bons resultados.
- **Não tem um motivo forte o suficiente:** quem não luta por alguma coisa, paralisa por quaisquer outras.
- **Vitimismo:** você deve conhecer alguém que, quando acontece algo errado, sempre se faz de vítima. O mundo está contra ela! Assim é impossível chegar ao sucesso.
- **Descontrole emocional:** o controle emocional é fundamental. Porque você não controla aquilo que lhe acontece, mas pode controlar como reage ao que acontece com você.
- **Falta de preparação:** não adianta ter uma expectativa alta sobre aquilo que está fazendo, se você não se preparar para transformar a sua ideia em realização.
- **Falta de liderança:** o líder é aquela pessoa capaz de transformar uma visão em realidade para todos os que participam de sua equipe. Não desenvolver a liderança é cometer suicídio empresarial.
- **Sonhos pequenos demais:** quando as pessoas não têm um sonho forte, claro e grande o suficiente, é muito fácil se perder no caminho.

Sejam quais forem as situações com que você se identificou, é muito importante trabalhar para corrigir esses hábitos, posturas e atitudes, porque eles, com certeza, impedem a sua passagem pela rota para o sucesso ou, no mínimo, atrasam a sua chegada até ele. Lembre-se: não dá para aceitar menos que dedicação total, da forma e com a energia certa, quando o assunto é tornar-se FODA e conquistar o sucesso. A boa notícia é que a solução está totalmente ao seu alcance. Eu costumo dizer que está na palma da sua mão.

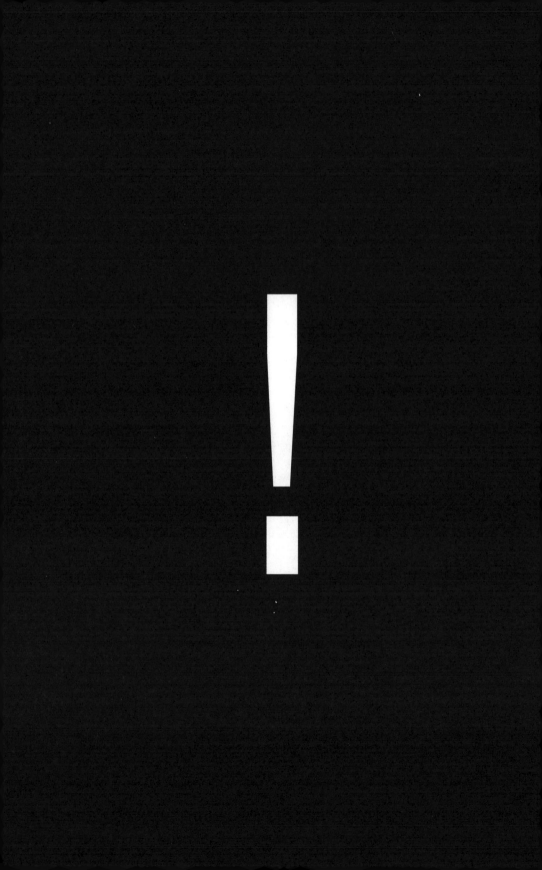

O SEGREDO ESTÁ NA PALMA DA SUA MÃO

Os cinco principais pilares da construção do sucesso, que sustentam a sua jornada do empreendedor realizador são:

! Positividade e otimismo;
! Visão e direção;
! Atitude e execução;
! Compromisso e valores;
! Controle emocional e detalhes.

Esses elementos são tão importantes que criei um sistema para sempre me lembrar deles. Fiz uma associação de cada um deles aos dedos da minha mão.

Cada dedo da mão simboliza um dos atributos que usei e uso, e que me ajudam a construir e manter em crescimento o meu sucesso. Nenhum desses pilares é exclusividade minha, de modo que você também pode usá-los, quando for necessário, para construir o seu sucesso.

Para começar agora mesmo a fazer os "cinco dedos" trabalharem a seu favor, só é preciso ter clareza para reconhecer e utilizar esses poderes que estão ao alcance de suas mãos.

Atribuí a cada um dos pilares, ou poderes transformadores, um determinado dedo da mão, conforme vou explicar a seguir. Com o tempo, você vai aprender a usá-los tão bem que eles se tornarão verdadeiros instrumentos de transformação da sua vida.

Polegar: Positividade e otimismo

Em nossa vida, é o dedo que simboliza a positividade. Normalmente já entendemos um gesto com esse dedo como um sinal de que está tudo bem, que tudo está em ordem. É incrível, mas não

QUEM NÃO LUTA POR
ALGUMA COISA, PARALISA POR
QUALQUER COISA.
QUEM TEM UM MOTIVO FORTE,
NÃO DESISTE
POR QUALQUER RAZÃO.

tem como você mostrar esse dedo para alguém sem estar acompanhado de um sorriso – e receber um sorriso de volta.

A positividade e o otimismo são duas das maiores forças que mantêm você na direção de seus objetivos. Fazemos muito mais coisas e realizamos muito mais com o pensamento positivo e o otimismo, do que se formos negativos e pessimistas.

Indicador: Visão e direção

Esse é o dedo utilizado para apontar. É o dedo da direção e da visão. Para onde você está olhando, apontando, mirando. É o dedo da mira.

O indicador é o dedo que simboliza os seus porquês, os seus motivos. Quando o seu motivo é muito forte, o "como" não interessa. Você dá um jeito de chegar onde quer.

O indicador é o dedo dos motivos, que aponta para aquilo que você quer. É ele que diz qual é o sentido de você fazer o que faz, do porquê você quer aquilo que busca. É o seu porquê. É como se fosse um leme firme que o mantém em sua direção.

O interessante é que você não precisa de um motivo forte para começar alguma coisa. Mas um grande motivo não vai deixar você parar, não vai deixar você desistir. A falta de um grande motivo não o impede de começar algo, mas ele é fundamental para não deixar você desistir daquilo que começou. Por isso, é altamente estratégico ter um motivo muito forte para o que fizer.

Quando você tem um motivo, passa a ter um objetivo, um alvo. E então você mira, aponta para ele, e assim tem maior probabilidade de acertar. Pode não ter a certeza total de que vai acertar, mas uma coisa é certa: se não mirar, você nunca vai atingir o alvo que deseja – ou pelo menos será pouquíssimo provável que acerte.

Por isso mesmo, insisto para que as pessoas com quem trabalho fiquem alertas para não se motivar com a coisa errada. A motivação é uma coisa incrível para o sucesso, mas estar motivado com a coisa errada pode ser perigoso.

É PRECISO FICAR ALERTA
PARA NÃO SE MOTIVAR COM A COISA
ERRADA.

Aqui está a grande importância de você ter como mentores e referências pessoas que estejam no lugar onde você quer chegar, que têm aquilo que você deseja, que são do tipo que você admira pelo caráter, postura e profissionalismo. Elas são um retrato daquilo que você realmente quer realizar e, por isso, serão ótimos referenciais para que você saiba como realmente se motivar e como definir seus caminhos.

Mas se seguir a pessoa errada, será motivado a fazer alguma coisa que vai levá-lo a um beco sem saída, a uma rota que o afastará de suas metas. Não deixe que ninguém motive você a bater a cabeça na parede.

Lembre-se: o seu motivo dá a sua direção. E na sua jornada para o sucesso é mais importante a direção do que a velocidade. Porque, se você estiver no caminho certo, a sua velocidade vai levá-lo mais rapidamente à sua meta. Mas se você estiver indo rápido, mas no caminho errado, estará cada vez mais longe do seu alvo, mais distante do caminho certo.

O meio mais rápido para chegar ao fracasso é estar muito motivado, mas na direção errada. Quanto mais você avança por esse caminho, mais se afasta do seu verdadeiro objetivo.

Dedo médio: Atitude e execução

Esse é o dedo da atitude. Podemos dizer que é o responsável por um sinal um tanto controverso, que causa desagrados. Mas a verdade é que, ao decidir mostrar esse dedo para alguém, nos enchemos de energia e atitude. Ele provoca uma descarga de adrenalina, que muitas vezes ajuda a esvaziar a mente e a tirar de nossa frente algo que está atrapalhando o nosso raciocínio, a nossa ação.

Quando mostramos esse dedo para alguém, esse ato vem acompanhado de uma decisão, um gesto de que, a partir daquele momento, quem está do outro lado do dedo não importa mais. O que importa são os nossos sonhos e nossas lutas. Significa que estamos dando um basta para julgamentos alheios e

É PREFERÍVEL ATRASAR
A SUA VITÓRIA DO QUE PROFANAR OS
SEUS VALORES.

críticas, para quem é negativo e quer nos influenciar a desistir dos nossos sonhos.

Esse dedo nos traz à lembrança que devemos agir com sabedoria. Que nossas atitudes devem ser fortes, mas pautadas pelo bom senso e pela justiça.

Dedo anelar: Compromisso e valores

É o dedo em que usamos alianças que simbolizam nossos compromissos, nossos valores. E valores são muito importantes ao construir uma carreira no empreendedorismo. Costumo dizer que é preferível você atrasar a sua vitória do que profanar os seus valores.

A coisa mais incrível de vencer não é a vitória em si. É poder contar, ensinar outras pessoas sobre como você fez, por que fez, de que maneira fez, com que considerações fez e o que levou em conta. São os valores que você pratica que contam.

Sucesso não é algo material, é um estado de espírito e, por isso mesmo, é algo subjetivo. Muitas vezes o sucesso para você não é sucesso para mim, e vice-versa. Por essa razão, você só é mesmo FODA quando pauta o seu sucesso por meio de valores verdadeiros e o torna mais completo.

Se você chegar ao sucesso passando por cima de seus valores, dificilmente estará pleno. Na verdade, esse terá sido o maior fracasso. Costumo dizer que, mesmo que você tenha sucesso e ganhe muito dinheiro, se não for feliz, não se sentir leve, pleno, satisfeito, orgulhoso, sua trajetória não será uma história que merece ser contada, você não será FODA, mas apenas um fracassado bem remunerado.

Por isso, é muito comum ouvirmos dizer que "tem gente que é tão pobre que a única coisa que tem é dinheiro".

Então, compreenda e assuma para a sua vida: para ser mesmo FODA, você precisa ter muito valor agregado à sua jornada. Senão o seu sucesso será sempre incompleto.

VOCÊ NÃO CONTROLA AQUILO QUE LHE ACONTECE, MAS PODE CONTROLAR TODO O SIGNIFICADO EMOCIONAL DAQUILO QUE ACONTECE COM VOCÊ.

Dedo mínimo: Controle emocional e detalhes

É o dedo do detalhe. E a emoção age nos detalhes. Por isso, esse é o dedo do controle emocional.

O equilíbrio emocional é decisivo quando você empreende. Porque empreender é ter 100% de certeza sem ter nenhuma garantia. E é importante aceitar isso e se munir de coragem e determinação para obter sucesso. O sucesso é 80% emocional e 20% mecânico. Oitenta por cento é a maneira como você reage e como você lida com cada adversidade. E 20% é o mecânico, é a mão na massa.

É por meio de uma decisão que você toma ou como encara alguma coisa que lhe acontece que o controle emocional é fundamental. Porque você não controla aquilo que lhe acontece, mas pode controlar todo o significado emocional daquilo que acontece com você. E esse é todo o significado do dedo mínimo. Geralmente, ele é o dedo que menos aparece, mas que tem uma importância enorme.

Talvez você ainda se lembre de quando era criança: era bastante comum você cruzar seus dedos mínimos para fazer as pazes com algum amigo com quem havia brigado, não é?

O dedo mínimo é o símbolo de que você está bem, em paz consigo mesmo e com os outros. Ou seja, que você tem controle emocional, as emoções em harmonia.

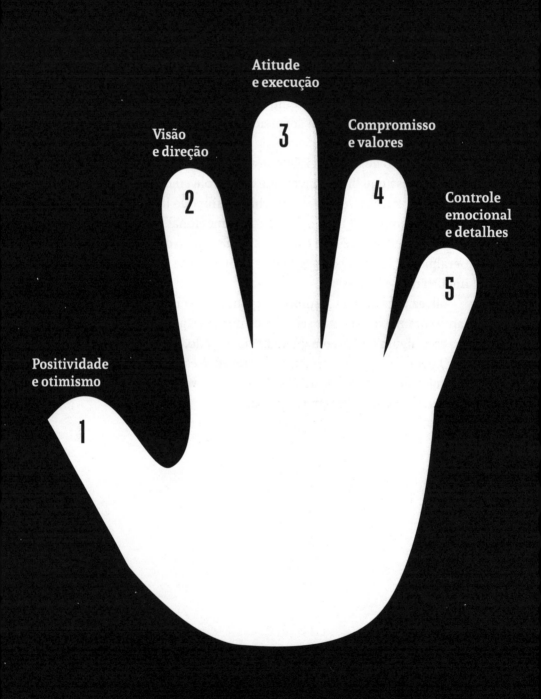

Enfim, essa é a ideia de associar os cinco dedos aos pilares do sucesso. Fica simples e fácil de se lembrar de cada um deles no dia a dia e de organizar suas ações com base neles.

Como você pode ver, a chance de ser FODA sempre esteve na palma da sua mão. Então, no momento em que você se deparar com um desafio, olhe para sua mão, avalie os pilares do seu sucesso e decida que dedo você pode usar nessa situação. Qual é o instrumento, o recurso que está à sua frente, que você vai utilizar para o dia de hoje?

Olhando para trás, revendo a minha história, percebo que tudo o que eu fiz está representado por um dos meus cinco dedos, ou, como gosto de dizer, está na palma da minha mão.

Não dá para dizer qual dedo é o mais importante. A cada passagem da sua vida você vai usar mais um do que outro, mas, enquanto avançar na sua jornada de sucesso, perceberá que, quando você for realmente FODA, todos os dedos serão igualmente necessários e determinantes.

A verdade mais forte é que é preciso colocar a mão na massa em busca de seu sucesso. E tem que usar todos os dedos das duas mãos.

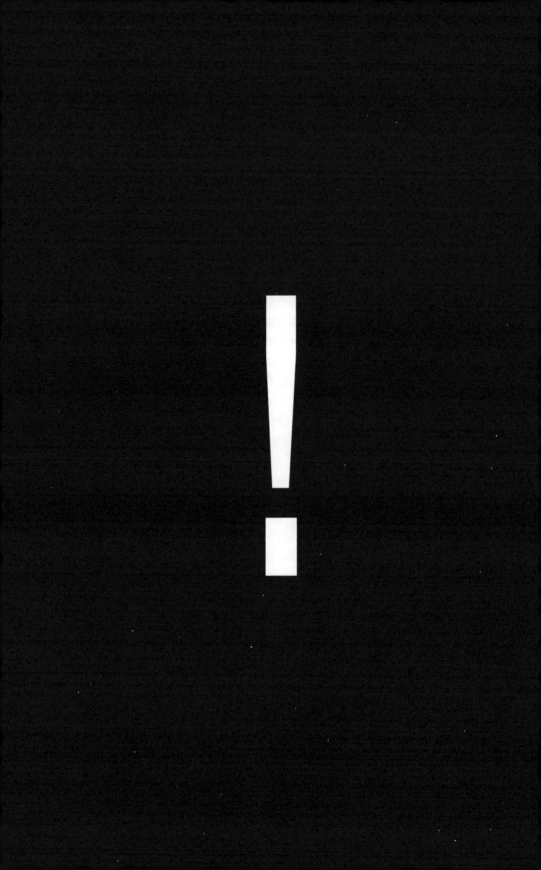

OS CINCO PILARES DA CONSTRUÇÃO DO SUCESSO

Pois bem, agora que você sabe que o segredo para ser FODA está na palma da sua mão, a melhor maneira de se chegar lá é desvendando todos os segredos associados a cada um dos dedos que representam os pilares da construção da sua jornada empreendedora.

Vamos analisar e aprender a usar cada um desses cinco importantes pilares.

1. Positividade e otimismo

Talvez você já tenha ouvido alguém dizer esta frase: "Você não pode fazer tudo só com o pensamento positivo. Mas pode fazer tudo muito melhor do que se estiver com o pensamento negativo".

Antes de prosseguirmos na exploração do primeiro pilar do sucesso, quero fazer um alerta: gosto muito de relembrar às pessoas que a positividade é uma ferramenta incrível, mas que nunca deve ser utilizada para negar uma realidade ou fugir de um desafio, achando que tudo vai se resolver por conta própria. Ser positivo não é ser alienado, não é achar que um milagre vai acontecer e resolver tudo que nos incomoda na vida. Você tem que ser o milagre, é você que deve fazer o milagre acontecer.

A positividade sempre foi muito marcante na minha carreira e na minha vida. Sem dúvida alguma, ela é uma das maiores aliadas de qualquer jornada. É um motor que empurra você, para conquistar as coisas que deseja.

E por que a positividade é tão importante? É bem simples: existem duas maneiras de encarar qualquer coisa: a positiva e a negativa. A positiva sempre auxiliará você a seguir em frente, vai lhe dar ânimo e energia, já a negativa sempre atrapalhará a sua caminhada, vai colocá-lo para baixo e anular os seus esforços.

A NEGATIVIDADE É COMO
A AREIA MOVEDIÇA: QUANTO MAIS VOCÊ
RECLAMA, MAIS VOCÊ AFUNDA.

Fuja da negatividade

A negatividade é contagiosa como um vírus. E fica completamente claro quando uma pessoa está infectada pela negatividade. Toda pessoa negativa tem um problema para cada solução. Para cada solução que você apresenta, a pessoa negativa traz um novo problema.

A pessoa negativa é aquela que sempre diz: "Sim, mas..."

Eu explico:

Existe um desafio no seu negócio, então você traz uma solução. Imediatamente, a pessoa negativa diz: "Sim, mas..." E lá vem ela com um novo problema.

Você traz outra solução, e ela: "Sim, mas..." E lá vem outro problema.

Em vez de ajudar a achar a solução, a pessoa negativa põe um problema atrás do outro, contestando a solução proposta. E isso vira um círculo vicioso. Para cada solução que você traz, ela encontra um novo problema equivalente ou maior. Faz de tudo para justificar o famoso pensamento negativo do "não há o que fazer".

Costumo dizer que é mais fácil ter um filho do que ressuscitar um morto. Por que eu digo isso? Porque é muito difícil você querer reviver alguém que faz questão de estar morto. A pessoa negativa parece até que não quer viver. Ela não quer enxergar o que é bom, não quer buscar uma solução.

Você é positivo ou negativo?

É importante perceber se você é uma pessoa positiva ou negativa. Mas como saber isso?

É muito fácil ser positivo quando as coisas estão dando certo, as suas contas estão pagas, seus negócios estão crescendo, sua família está com saúde e sua vida está prosperando. Você nem pensa que precisa ter positividade e fé diante dessas circunstâncias.

A positividade é testada de verdade, quando nada ao seu redor é favorável, quando parece que seu mundo está desabando, quando tudo o que você faz parece dar errado. Em momentos como esses, a atitude de ser positivo deve aparecer, e é quando esse comportamento é mais importante na sua vida. É preciso

A MELHOR COISA QUE ALGUÉM
PODE FAZER PARA NÃO TER
QUE FAZER NADA É ACHAR QUE NADA
PODE SER FEITO.

que você mostre essa habilidade de extrair o que há de bom de tudo o que acontece, mesmo das situações mais difíceis. Essa é uma atitude própria de quem é FODA.

Vou exemplificar falando de um caso que vivi, que costumo chamar de "*no-show* pior melhor evento": fui fazer um dos meus primeiros eventos em Alfenas, Minas Gerais. Rodei quilômetros de carro para chegar até lá. Eu ainda não tinha credibilidade, não tinha resultados, nem conhecimento suficiente, mas sabia que deveria começar a agir, praticar e me dedicar para ficar bom. Então encarei esse desafio.

Levei meus produtos e preparei uma apresentação, porque queria divulgar meu modelo de negócio. Mas, quando cheguei lá, não encontrei ninguém. Eu tinha alugado uma sala para fazer o evento. Cheguei, arrumei toda a sala, o computador etc., e nada de chegar alguém.

Liguei para alguns parceiros que eu tinha na cidade e ninguém me atendeu. Esperei até as cinco horas da tarde, quando a pessoa que me alugou a sala disse que o tempo já estava acabando e que ela iria fechar o prédio.

Foi um tremendo de um *no-show*, e justamente em uma época em que eu ainda não tinha o apoio da minha família, não tinha uma experiência de sucesso, enfim, estava em um cenário desafiador. Então, guardei todas as coisas no carro e viajei mais quinhentos quilômetros de volta. Fiz um bate e volta de mil quilômetros. Cheguei em casa morto.

Muita gente tem um fracasso momentâneo e passageiro e desiste de tudo, resolvendo largar os sonhos. Mas, comigo foi diferente. Durante a viagem de volta, vim pensando que, apesar de tudo, eu estava feliz porque tinha feito a minha parte. Viajei muito e me dispus a dar o meu melhor... Então, azar de quem não veio. Eu encarei a situação pelo lado bom.

No dia seguinte, fui tomar café com meu pai e ele me perguntou como tinha sido a reunião. Eu respondi a ele: "Pai, foi um sucesso! Ninguém falou mal do meu produto. Fui e voltei em segurança e cheguei em casa bem... foi um sucesso! Fiz o meu melhor. Azar de quem não foi".

Eu ainda não tinha aprendido o que era ressignificar uma situação; mas, naquele momento, foi exatamente isso que eu fiz: ressignifiquei todo o acontecimento, dei um aspecto positivo para aquela experiência. E, quando percebi, eu tinha transformado o meu pior evento na minha melhor experiência. Treinei meu otimismo e ganhei um poder de resiliência incrível.

A gente se torna emocionalmente forte depois de ser derrubado e se levantar. Quantas pessoas tomam uma grande decisão depois de um grande fracasso? E eu tomei a decisão de me tornar FODA. Muitas pessoas desistiriam numa situação como essa. Depois desse dia, tornei-me imparável.

Por isso eu digo que, se você está passando por algo parecido agora, por algum desafio forte, entenda que isso é um teste de merecimento. Porque o sucesso é 99% feito de fracasso. Então, aprenda a ressignificar as situações que você enfrenta. Controle emocional é fundamental para a sua vida e o seu empreendimento. É isso que faz você se tornar FODA na vida.

Essa é a verdadeira atitude positiva: extrair da adversidade um grande ensinamento, ser o grande pilar de sustentação das pessoas que estão à sua volta, mostrando que é possível reverter toda situação difícil, que existe uma lição importante para aprender a partir daquilo, que não existe um mal que não traga um bem.

Nessas horas você prova o seu valor. Quanto maior for o grau de adversidade e quanto maior a quantidade de coisas boas que você consegue extrair delas, maior será o seu grau de positividade.

Preste muita atenção à maneira como você age e reage em cada situação e descubra o que atrapalha a sua positividade. Muitas vezes é uma pessoa que não permite que você seja positivo, ou um determinado ambiente que põe você para baixo, ou algum tipo de atividade que você não se sente bem em fazer... descubra o que atrapalha a sua positividade e corte-o da sua vida. Se você não puder cortar definitivamente, pelo menos procure ficar o menor tempo possível em contato com essas situações.

Trabalhe sempre para eliminar a negatividade do seu dia a dia. Descarte tudo aquilo que pode boicotar a sua caminhada em direção aos seus objetivos. A sua positividade deve se tornar inabalável porque ela é uma das grandes aliadas da sua jornada.

Pior do que ser ingênuo é ter a capacidade de não acreditar em nada. Na minha opinião, todo sujeito negativo é vagabundo – no sentido de preguiçoso e não de desonesto.

Quando você apresenta uma ideia, ou fala alguma coisa para uma pessoa negativa, qual é a reação que ela exprime? A primeira é "Xiii... isso não vai dar certo!"

É por isso que digo que todo sujeito negativo é vagabundo. A palavra vagabundo é bastante forte, até agressiva, mas faço questão de usá-la porque quero que essa ideia fique muito clara na mente das pessoas que oriento. A melhor coisa que alguém pode fazer para não ter que fazer nada é achar que nada pode ser feito. Como o sujeito negativo não acredita em nada, então ele diz que nada pode ser feito – e nada faz.

É muito importante fazer uma autoavaliação para entender se você é positivo, ou não. Mas como você pode saber se está fora do rumo do comportamento positivo, ou se tem até mesmo uma leve inclinação a ser negativo?

É bastante simples ter essa noção inicial. Basta responder a esta simples pergunta: quando alguém traz uma solução para algum problema, você já pensa em um novo problema, ou pensa "Poxa, isso pode dar certo. Vamos trabalhar um pouco mais, vamos analisar todas as possibilidades"?

Quando você simplesmente fecha uma porta de solução trazendo um novo problema, você tem sim tendência a ser negativo. Não quero dizer que você tem de aceitar de imediato qualquer coisa que lhe apresentem sem ter uma opinião diferente, uma argumentação ou algumas hipóteses. Argumentar, questionar, raciocinar sobre uma ideia que lhe apresentam é muito sadio. Mas a pessoa negativa sempre fecha a possibilidade de solução com um "Sim, mas...". Você traz alguma coisa, ela traz outra para anular aquela conversa. Na verdade, ela não quer ver o lado bom das coisas. E não contribui em nada para a solução dos problemas.

Por que falo muito sobre negatividade, por que bato tanto nessa tecla? Porque você tem que fugir da negatividade. Tem que ser muito positivo. A positividade não faz você vencer sozinho, mas sem ela é impossível obter vitórias.

Muita gente acha que a positividade é um dom, que as pessoas nascem positivas e por isso estão sempre alegres, de bem com a vida. Algumas pessoas acham que quem é positivo foi agraciado por Deus com esse dom. Mas, ao contrário, a positividade não é uma qualidade intrínseca, não é uma característica inata. É uma habilidade que pode ser adquirida, desenvolvida e assumida como opção de vida.

Enxergar as coisas pelo lado positivo dá trabalho e exige treino e prática, constância e dedicação. Mas, sem dúvida alguma, é uma característica que pode ser aprendida, como vamos ver a seguir.

Então, escolha sempre a opção mais inteligente: olhe as coisas pelo lado positivo. Acredite: tudo tem um lado bom. Basta você querer enxergar o que pode ser extraído de bom de cada situação.

Por isso um dos grandes segredos para se tornar FODA é tornar-se positivo. Desenvolva a positividade e você vai fazer da sua jornada algo mais simples, prazeroso e cheio de vitórias.

Seja alguém que sempre enxerga os aspectos positivos das situações do seu dia a dia. Elimine a negatividade do seu convívio, descarte esse vírus que contamina tudo à sua volta. Se você não estiver alerta e não se proteger da negatividade, se não se vacinar e não se tornar imune, ela afetará a sua vida e sabotará todos os seus planos de sucesso.

Como eliminar a negatividade da sua vida

A maneira definitiva de resolver isso é proteger-se ao máximo contra a negatividade. Não há outra maneira, porque você não pode viver isolado, e sempre estará exposto à negatividade. É como pegar gripe. Não há como evitar o contato com pessoas gripadas, porque você vive diariamente em contato com muitas pessoas. Então, você deve se imunizar, vacinar-se, criar um escudo para se proteger.

Cria-se esse escudo com a prática de ser uma pessoa positiva, com o cultivo da crença em si mesmo e no seu potencial em obter sucesso. Você deve ter em sua mente, constantemente, o pensamento "Eu não tenho nada a ver com a negatividade". Pensar assim não é ignorar que pessoas e situações negativas existem, mas sim saber que você vai vencer apesar das pessoas e das situações negativas que estão à sua volta.

Não há uma maneira de se isolar da negatividade. Por isso você deve acreditar muito forte naquilo que você faz, acreditar na sua pessoa, acreditar que você pode chegar aos seus objetivos e realizar suas metas.

Você não pode se isolar das pessoas negativas. Porém, você pode ter o cuidado de, sempre que possível, afastar-se delas. Assim, você reduz as chances de contágio. E isso é importante, porque você pode ser a pessoa mais positiva do planeta, pode ter 100% de positividade, mas, se ficar ao lado de uma pessoa ou em um ambiente extremamente negativo, você passará a ter a mesma característica. Você pode ainda garantir 99% de positividade, se estiver blindado; mas, ainda assim, quando algo baixar, você perderá com isso.

Quem já tem essa percepção de como o contato com a negatividade é prejudicial evita essas situações. Quem percebe sai logo dos ambientes e de companhias negativas, porque entende como isso incomoda e prejudica.

Então, elimine a negatividade do seu ambiente. Agregue pessoas positivas. A positividade das outras pessoas influenciará a sua também. Se você não tem a positividade ainda desenvolvida, comece agora mesmo a andar ao lado de pessoas extremamente positivas. Porque elas vão contagiar você da maneira certa. Assim como a negatividade pega, a positividade também pega. Andar com pessoas positivas é uma estratégia muito poderosa para quem quer ter sucesso.

Expectativa positiva

Novamente, tenho um alerta a fazer, antes de nos aprofundarmos nesta ideia: é preciso uma estratégia cuidadosa para trabalhar com a expectativa positiva. Existe uma linha muito tênue que separa a expectativa da decepção.

A DECEPÇÃO NA NOSSA VIDA NASCE
DA DESARMONIA ENTRE A EXPECTATIVA
E A REALIDADE

Temos sim que praticar a expectativa positiva em tudo o que estamos fazendo, mas sempre em harmonia com a realidade, ou seja, é preciso saber que haverá desafio e provação, porque ninguém vence logo na primeira tentativa, porque o sucesso é 99% feito de fracassos, porque tornar-se FODA exige que você faça mudanças no seu modo de ser. É preciso estar consciente de tudo isso, porque essa é a realidade a ser enfrentada.

A expectativa positiva é como um remédio: deve ser ministrada na dose certa. Uma dose baixa não vai fazer efeito e não vai ajudar você a melhorar. E uma superdosagem pode matá-lo. A expectativa, se não for devidamente gerida, pode causar grandes decepções. E, acredite, é sempre mais fácil você gerir a sua expectativa positiva do que conter uma frustração.

O pensamento positivo gera a expectativa positiva, e esta é como uma profecia de que aquilo que você pretende vai se realizar. Mas, é claro, vai se realizar se e quando você colocar a mão na massa, se e quando você fizer o que deve ser feito pelo tempo que for necessário.

Toda jornada empreendedora de sucesso começa com uma expectativa positiva. Se você não sente aquele frio na barriga, se você não perdeu o sono com aquele projeto que começou, então você ainda não tem uma expectativa positiva o suficiente.

Se não existe uma expectativa positiva sobre algo que está realizando, você não se entrega de corpo e alma, não vive para o negócio, para aquilo que está fazendo. E dessa forma você não realiza o que pretende.

Para ser bem sucedido, tenha uma grande expectativa positiva. É claro que você também deve gerir essa expectativa para não causar frustração, para não querer que as coisas aconteçam antes da hora, antes do tempo. Não adianta querer a qualquer custo, fazer com pressa, colocar a carroça na frente dos bois. Tudo tem seu tempo e tudo acontece da maneira que é preciso para realizar os seus sonhos, quando você age da forma e na direção corretas e permite que as coisas se realizem no tempo necessário.

Então, você tem que estar antenado no seu dia a dia. Sem expectativa positiva não há energia necessária para alcançar o

O PENSAMENTO POSITIVO GERA A EXPECTATIVA POSITIVA.

sucesso. Confie no seu sucesso antes de ele existir. E tenha a atitude necessária, coloque em prática aquilo que você deve desempenhar. Com uma expectativa positiva e assumindo as atitudes corretas, o seu sucesso acontecerá. Lembre-se: seja FODA.

Quando digo que me entrego de corpo e alma para os meus negócios, existe sempre alguém que me pergunta se isso não atrapalha a minha vida pessoal. O que eu sempre respondo a essa pessoa é que não existe uma separação entre vida pessoal e vida profissional. Existe uma vida única com várias áreas, e a nossa realização plena é a soma de nosso desempenho em cada uma dessas áreas. Por isso, você deve se dedicar por completo a cada coisa que faz, em cada momento da sua vida.

A expectativa positiva é necessária porque não adianta começar a fazer algo se você não espera muito daquilo. Não dá para começar algo pensando que "você vai apenas tentar". Esqueça isso, porque assim não vai dar certo. Você não vai **tentar** coisa alguma, você vai **realizar**.

Perceba que toda história de sucesso que conhecemos foi construída por pessoas que se entregaram totalmente, tiveram aquela disposição além da média, aquela expectativa muito positiva desde o começo. Acreditaram logo de início que poderiam realizar e realizaram. Eram pessoas FODA.

"Não sabendo que era impossível, foi lá e fez".[1]

Muitas pessoas me perguntam qual é o segredo do sucesso, como conseguir um grande crescimento como empreendedor. Tenho certeza de que um dos segredos é acreditar imediatamente que o próprio sucesso é possível.

---

[1] Essa frase é, muitas vezes, atribuída ao romancista e cineasta francês Jean Cocteau (1889–1963). Contudo, outros a atribuem ao escritor norte-americano Mark Twain (1835–1910).

Quanto antes você acreditar que pode realizar, mais rapidamente você vai crescer e ter estímulo para colocar a mão na massa e fazer o que é necessário. Há pessoas que deixam para acreditar no sucesso apenas quando ele surge. Elas não têm a entrega necessária para a realização. E assim não é possível crescer.

A crença no mérito

É preciso acreditar que você é merecedor das coisas que quer conquistar porque muitas pessoas têm a crença no demérito, no não merecimento e, consequentemente, não realizam seus sonhos mais importantes.

São pessoas que acreditam não serem merecedoras de coisas boas, que a abundância não é para elas. Acreditam que as coisas acontecem para quem luta, batalha, dedica-se com fervor, mas não pensam isso em relação a elas mesmas.

Desenvolva a crença no mérito. Comece assumindo para si próprio o compromisso de jamais passar por cima dos seus valores e princípios de vida. Porque, se você desrespeitar a si e os seus valores, não haverá mérito em suas conquistas. E se não houver mérito, não faz sentido; e se não faz sentido é melhor não ter.

Comece hoje mesmo a se empenhar em acreditar que você pode ter o melhor que a vida pode dar. Porque se você não acredita no mérito, nunca poderá fazer aquela entrega perfeita, nunca permitirá se entregar ao máximo. A partir do momento que você acredita que a abundância não é para você, deixa de fazer o necessário e o possível para alcançar seu objetivo.

É importante ter a certeza de que toda dificuldade é provisória. E isso só é possível para aqueles que têm esperança e acreditam no senso do merecimento. Quando você tem a crença no mérito, é impressionante como acredita com certeza que toda dificuldade é provisória. A crença no mérito e a esperança baseada na realidade são fundamentais na superação das dificuldades.

Uma das formas mais incríveis de positividade é a crença no mérito. É impressionante como o senso de merecimento nos traz uma segurança gigantesca.

Nossa mente nos diz: "para vencer, você tem que merecer". Porém, mais do que merecer, você deve ainda acreditar que merece a vitória.

Quando você acredita que merece alguma coisa, tem muito mais segurança de que vai chegar àquele objetivo que estabeleceu.

O contrário também é verdadeiro. Há pessoas que não conquistam as coisas simplesmente porque não acreditam que as merecem. Até acreditam que é possível chegar lá, mas que isso não é para elas.

Acredite: ninguém chega a lugar algum se não sentir que é seu de direito. Ninguém chega ao topo, se não se achar bom o bastante para merecer o pódio.

Você se torna aquilo em que acredita. Ter uma crença potente deixa você mais próximo da realização. E quanto maior for a sua crença na realização daquilo que busca, maior será a velocidade com que você conquistará suas metas.

Então, é aqui que entra a necessidade e a importância da crença no mérito. A crença é um estado mental em que um você coloca convicção. Convicção íntima na possibilidade de algo. É a certeza plena sobre a possibilidade de conquistar aquilo que você deseja e busca.

A crença no mérito gera autoconfiança. E a autoconfiança no agir, pensar, planejar e decidir faz toda a diferença quando você busca o sucesso.

Se não existisse confiança, ninguém correria riscos. E se não corrêssemos riscos, não existiriam grandes conquistas. A confiança é fundamental para desencadear grandes conquistas e promover os grandes feitos na sua vida.

Se você já teve oportunidade de bater um papo com uma pessoa extremamente bem-sucedida, com certeza percebeu como é impressionante o índice de confiança que essa pessoa demonstra. Porém, olhando a história dela, você verá que não foi só depois que chegou onde queria que ela ganhou essa confiança. Se tiver acesso à história de vida dela, você perceberá que o índice de confiança dela era o mesmo desde o início da jornada.

CONFIANÇA GERA UM PROCESSO
TRANSFORMADOR, SEM ELA NADA
SERIA ARRISCADO E
NENHUM PROGRESSO ALCANÇADO.

A confiança age sob o efeito dominó. Ela desencadeia uma diversidade de coisas positivas, que levam você cada vez mais alto na escalada para o sucesso. Quando tem confiança, você executa com mais força, entrega-se com mais vitalidade, faz com muito mais paixão, realiza com muito mais eficiência, porque tem certeza de que vai chegar ao objetivo. Você não perde o foco nunca e sempre dá o seu melhor a cada momento.

Então, você precisa ter crença no mérito – você precisa acreditar profundamente que merece estar lá no destino que você traçou, que é merecedor de todas as coisas que planejou conquistar. Você precisa ter essa visão e acreditar profundamente que merece alcançá-la.

Pessoas que têm a crença no demérito acreditam que a abundância não é para elas. Até acreditam que as coisas boas acontecem para quem luta, batalha e se dedica com fervor. Mas pensam "Poxa, será que comigo também vai acontecer? Será que eu mereço ter tudo o que sonho, tudo que desejo?".

Muitas vezes, as pessoas até têm um sonho muito claro, mas acreditam no demérito. Acham que não são merecedoras do que a vida tem de melhor. Não pensam que são dignas da abundância. E isso cria incertezas a respeito da possibilidade de realizar seus sonhos e objetivos.

A falta de certeza é sinônimo de dúvida. E quando você tem dúvidas, com certeza vai parar pelo meio do caminho. Se em algum momento você estiver em dúvida sobre o lugar para onde está indo e se o que você está fazendo vai conduzi-lo para onde deseja chegar, tudo estará perdido. A dúvida não vai impedir você de continuar, mas quando algum imprevisto chegar, você vai dizer: "Puxa, eu sabia que isso não era para mim, que isso não ia dar certo, que isso não ia funcionar".

Por isso, eu digo que a dúvida é a grande certeza de que, em algum momento, você vai parar. Você pode ser a pessoa mais habilidosa do planeta, mas se não tiver um nível de confiança elevado, não vai conseguir executar o que é preciso de maneira forte, profissional, proporcionando os resultados que você busca.

A DÚVIDA É A GRANDE CERTEZA DE QUE
EM ALGUM MOMENTO VOCÊ VAI PARAR.

Tony Robbins, grande palestrante motivacional norte-americano, costuma afirmar em suas apresentações que "tudo o que podemos ou não podemos fazer, tudo o que consideramos possível ou impossível, raramente tem a ver com a nossa capacidade. É, na verdade, muito mais uma questão de crenças que temos a respeito do que somos". Em outras palavras, o que conquistamos depende do quanto acreditamos ser capazes e merecedores.

Se você não acredita no seu mérito, nunca poderá fazer aquela entrega fundamental, nunca permitirá se entregar ao máximo, o melhor de você para o mundo. E o mundo também não vai lhe entregar o melhor dele.

É preciso trabalhar muito para desenvolver a crença no seu mérito. Se você não mudar suas crenças, sua vida será sempre a mesma. E o que é pior, se você crê que não é merecedor do que a vida tem a lhe oferecer, viverá sempre com menos do que deseja e merece. É preciso acreditar que você merece as coisas que quer conquistar. Por isso sua luta tem que ser digna, limpa e com propósitos engrandecedores.

Isso implica trabalhar sem nunca passar por cima de nenhum de seus valores, de nenhum de seus princípios. Acredite que vale muito mais a pena atrasar sua vitória, se necessário, do que profanar os seus valores. Porque, se você deixar isso acontecer, não terá mérito algum em suas conquistas. E se não tiver mérito, a sua luta não fará sentido. E em breve você passará a não se achar merecedor das coisas que busca.

Aprenda a merecer o que você busca. Olhe para você mesmo e sinta-se digno de realizar os seus sonhos. Nunca é tarde demais para aprender que você merece ter abundância em sua vida. Dedique-se com afinco a esse aprendizado e os seus bons resultados surgirão.

Quando você acredita no seu mérito, passa a acreditar que vai chegar lá, e isso lhe torna mais seguro e envolvido em um processo surpreendente e absurdo de execução acertada e bem direcionada.

As pessoas que têm o melhor desempenho em tudo o que fazem são aquelas que possuem um índice de confiança elevado.

Isto, combinado a outros fatores, também importantes, faz com que elas tenham mais sucesso.

O mais incrível de tudo é que, para você crer, tudo o que precisa é querer acreditar. Quando você quer acreditar, coloca em movimento todo um processo que o leva a ter uma crença verdadeira. E quando a sua crença vem acompanhada de objetivos que beneficiam também outras pessoas, então o seu merecimento se multiplica.

A maioria das pessoas, em vez de se concentrar em pensamentos de prosperidade, são extremamente eficientes em imaginar o que pode dar errado. É impressionante! E o grande problema é que a gente sempre perde o foco quando pensa nas possibilidades negativas.

Por isso, nunca negue os desafios, porque eles sempre estarão presentes. Mas coloque toda a sua fé no futuro desejado e não na merda que pode acontecer.

Posicione-se como alguém capaz de fazer uma diferença positiva no mundo e você passará a acreditar que consegue ter o melhor que a vida pode oferecer. E isso gerará abundância para você e para todos que caminharem ao seu lado.

A partir do momento em que começa a acreditar que a abundância é para você também, você passa a fazer o necessário e o impossível para alcançar seus objetivos.

É importante ter referenciais de sucesso

Faz parte da Positividade cultivar referenciais de sucesso em que se possa espelhar. Então, estude as pessoas de sucesso, leia biografias de grandes nomes da história, busque exemplos de pessoas que ajudem você a entender mais sobre sucesso.

É muito importante ter como mentores aquelas pessoas que estão onde você quer chegar, principalmente, as que têm aquilo que você deseja.

O sucesso FODA não é um objetivo fechado, que você chega até ele diretamente. Você não pega um avião e pousa lá. É mais como uma viagem de carro, em que você precisa se munir de um GPS – que é representado por pessoas que já conhecem o caminho e podem lhe dizer qual é a melhor rota e quais os percalços a enfrentar –, preparar sua bagagem – estudar e aprender, abastecer-se de conhecimento – e pôr o pé na estrada – fazer o trabalho necessário para chegar lá.

O sucesso FODA é também como um pacote, composto de várias atitudes que você tem que tomar e habilidades que tem de desenvolver ao longo da jornada. E todas essas habilidades funcionam como peças de grande máquina. Cada uma tem sua importância e faz parte do resultado final. Pense em uma câmera fotográfica digital: o que é mais importante, a lente ou a bateria? A lente é talvez a peça fundamental de uma câmera, mas ela não liga sem a bateria. E de que adianta a lente e a bateria estarem em ótimas condições se o mecanismo que ajusta o foco não estiver funcionando?

É assim que tudo deve funcionar, quando você busca se tornar FODA e construir um sucesso baseado nesse estilo de vida. Todas as habilidades necessárias precisam ser desenvolvidas e praticadas. E você vai precisar contar com mentores que ajudem você a ir até onde quer chegar. Todas essas são peças igualmente importantes para você construir o seu castelo e realizar seus sonhos.

Vou contar um segredo para você: o sucesso deixa pegadas, pistas e rastros. E as pessoas FODA vão deixar uma trilha para você seguir. Por isso, para fazer essa triagem e encontrar as pessoas certas em quem se inspirar, você deve ter essa referência positiva. Adote referências de pessoas que valem a pena seguir e siga-as.

Vamos fazer a positividade falar mais alto

A positividade ajudará você a ir de fracasso em fracasso, sem perder o entusiasmo, até o dia de sua glória. Eu acredito demais nisso. Uma pessoa otimista nunca diz que teve um dia ruim, em vez disso, diz que teve um dia de construção.

Muita gente considera o indivíduo positivo como louco, alienado ou bobo alegre. Por isso eu gosto muito de fazer as pessoas pensarem a respeito desta frase: não tenha medo de parecer

O SUCESSO DEIXA PEGADAS,
PISTAS E RASTROS.

ridículo tentando realizar algo que torne possível a conquista de seus objetivos. Porque ridículo mesmo é quem tem sonhos e não faz nada para realizá-los.

Uma das grandes verdades que aprendi na minha carreira de empreendedor é que, se as pessoas positivas compartilhassem suas experiências assim como os negativos o fazem, o mundo seria um lugar muito melhor para se viver. Por isso, vamos juntos fazer a positividade falar mais alto.

O modo positivo e o modo negativo de agir são dois polos mutuamente excludentes. E funcionam como se fosse uma brincadeira de gangorra: quando um sobe, o outro desce – e vice-versa. Cabe a você decidir quanto tempo seus pensamentos ficam do lado negativo e quanto ficam do lado positivo. É essa decisão que define a sua qualidade de vida e o quanto você terá de sucesso e felicidade.

É claro que tudo o que vimos até aqui tem o poder de fazer você se tornar FODA. Mas quem sabe você ainda tenha aquela duvidazinha, ainda esteja com aquela vozinha na sua cabeça perguntando: "Tá, Caio. Isso tá lindo. Entendi, isso tudo é muito positivo e legal... mas, como eu faço tudo isso funcionar para mim?".

Costumo dizer que existem quatro pontos fundamentais que ajudam a aumentar a nossa crença no sucesso: o ambiente, o conhecimento, os nossos resultados passados e os acontecimentos.

O ambiente em que estamos favorece a nossa crença. Então, se queremos ter uma crença mais elevada, mais positiva, uma crença maior no nosso mérito, é preciso estar ao lado de pessoas extremamente positivas, que nos inspiram, que aumentam a nossa produtividade e que elevam a nossa *performance*.

Outro ponto é o conhecimento, porque ele também favorece e alimenta fortemente as nossas crenças. Por isso, precisamos sempre ler ótimos livros, ouvir bons áudios, assistir a bons vídeos. Precisamos sempre buscar informação de qualidade para agregar e ampliar os nossos conhecimentos.

Os nossos resultados passados são também pontos de reforço de nossas crenças positivas. Se você já teve algum resultado positivo em alguma coisa, mesmo que pequena, então sabe que isso é possível, que você é capaz de conquistar o que busca. Por exemplo, para quem já perdeu um quilo é muito mais fácil acreditar que pode perder dez. Então, faça a roda girar para conquistar aquilo que deseja.

Os acontecimentos de que você tem notícia também contribuem para melhorar a sua crença no sucesso. Mesmo que não sejam resultados seus, mas de outras pessoas, eles ajudam a melhorar a sua crença de que é possível realizar. Quando você conhece alguém que já perdeu dez quilos, fica mais fácil dizer algo como "se ele pode, eu também posso".

Em 6 de maio de 1954, o estudante de medicina Roger Bannister (1929) tornou-se o primeiro homem na história a correr uma milha em menos de quatro minutos. Esse era um feito considerado impossível até então. Porém, depois de Bannister, milhares de outras pessoas pelo mundo já fizeram o mesmo. Porque elas viram que era possível. Mudaram a crença do impossível.

2. Visão nítida e direção

Outro ponto importante para tornar-se FODA e estabelecer uma crença forte no seu sucesso é ter de antemão uma visão nítida de onde você quer chegar. Para crer, é importante conseguir enxergar o seu objetivo se realizando. É fundamental ter uma visão muito clara daquilo que você quer. Você precisa saber para onde está indo, mesmo sem nunca ter estado lá. Ou seja, é preciso "crer para ver".

São Tomé, um dos doze apóstolos de Jesus, duvidou. Ele queria antes "ver" para depois "crer". Mas Jesus disse a ele: "Porque me viste, Tomé, creste; bem-aventurados os que não viram e creram"[2] Mas, quantos de nós também queremos antes ver, para só então crer?

2 João 20:29. Disponível em: <https://www.bibliaonline.com.br/acf/jo/20>. Acesso em: 19 set. 2017.

Quero dizer: é preciso antes crer, para então ver acontecer. É preciso confiar para conquistar algo. Mais ainda do que crer, é preciso crer no seu mérito. Você precisa acreditar poderosamente que merece ter aquilo que busca. Porque traçamos nosso futuro de acordo com os nossos méritos.

Então, vamos lá: primeiro você precisa ter uma visão nítida de onde quer chegar. Precisa visualizar com o máximo de clareza e detalhes o lugar que quer conquistar.

Quando você não tem uma visão de futuro, não consegue aguentar o presente. Porque o presente perderá o significado, se você não tiver ideia de para onde está indo, onde quer chegar.

A vida é cheia de desafios, provações e dificuldades. Se você não souber para onde vai, o que deseja de verdade e não imaginar como estará no futuro, vai acabar abrindo mão dos seus sonhos. Porque vai achar que está se esforçando demais e que talvez não valha a pena continuar.

Lembro-me do pior "não" que recebi na minha vida.

Fiz uma apresentação para uma pessoa que eu admirava, respeitava e de quem gostava muito. Ao tentar apresentar o meu modelo de negócio para ele, não apenas recebi um não, como também fui esculachado de uma maneira muito cruel. Ele nem me ouviu. Levantou-se, fez pouco caso e saiu. Talvez eu o tivesse pegado em um dia ruim, mas, enfim, isso não diminuiu a minha decepção. Foi o pior "não" da minha vida. Tomei um "não", com uma gigante carga emocional embutida, de uma pessoa que eu admirava.

Essa é a combinação perfeita que faz com que muitas pessoas larguem os negócios. Muita gente desiste porque recebe um "não" do pai, de um amigo, de alguém importante, porque recebe um *feedback* negativo de uma pessoa que ama ou por quem tem muita admiração. E então desiste dos seus planos, dos seus negócios.

Depois daquele dia, porém, fiquei ainda mais imparável, porque eu tinha plena convicção sobre onde queria chegar, o que queria realizar, o que estava fazendo. A confiança em mim mesmo e a nitidez de para onde e por que eu estava indo falaram mais alto dentro de mim.

VOCÊ PRECISA SABER PARA ONDE
ESTÁ INDO, MESMO SEM NUNCA TER
ESTADO LÁ.

Depois de receber aquele não, tudo ficou muito mais simples para mim: ligar para qualquer pessoa deixou de ser um incômodo, qualquer reunião ficou muito simples, qualquer apresentação ficou mais fácil. Porque eu sempre pensava: "Cara, esse foi o não mais difícil que eu recebi na minha vida. Depois desse, todos os outros vão ser fáceis". E, daquele dia em diante, tudo ficou muito mais fácil.

Ter visão e direção claras me ajudou a passar por uma tremenda pancada com discernimento e serenidade.

Lembre-se: quem não luta por alguma coisa, paralisa por qualquer coisa. Você não pode dar chance para que a dúvida tome conta da sua vontade. Se você tem dúvidas, você vai parar quando uma adversidade chegar. A dúvida gera incertezas. E quanto maior a incerteza, mais você duvida de que vai conseguir.

Quando você não tem uma visão clara sobre o seu destino, a sua meta, a conquista que quer realizar, é muito fácil desistir. E, depois, não adianta ficar se justificando, dizendo coisas como "Puxa, eu sabia que para mim não daria certo", "Eu sabia que não aconteceria do jeito que eu queria".

Pessoas desistem todos os dias de seus sonhos. Chamo isso de **princípio da desistência**. É como se fosse uma balança. Quando o motivo de parar é maior que o motivo de continuar adiante, você paralisa. Por isso, existem pessoas que abrem mão dos seus sonhos com muita facilidade: porque não têm um motivo muito forte para continuar.

Você tem que ter uma visão nítida do seu futuro, daquilo que você quer e por que, pois ela funciona como combustível para a sua caminhada diária. Não ter um motivo bem definido não impede você de começar alguma coisa. Mas ter esse motivo vai impedi-lo de desistir, quando as coisas ficarem difíceis.

Você tem a capacidade de se imaginar no futuro. Então, use o seu poder de se teletransportar para daqui a algum tempo e visualize como você quer estar dentro de um, cinco ou dez anos.

Uma visão nítida de onde você quer chegar é fundamental para fazer acontecer tudo o que realmente deseja realizar na

QUANDO VOCÊ NÃO TEM UMA
VISÃO DE FUTURO, NÃO CONSEGUE
AGUENTAR O PRESENTE.

sua vida. Tudo o que você se orgulha de já ter feito teve um bom motivo para se fazer.

Não basta ter sonhos. Sonhos são muito frágeis. Sonho é igual planta: se você não regar, morre. Por maior que seja o seu sonho, ele não resistirá se você não o alimentar diariamente. E para manter o seu sonho forte, para manter o seu sonho vivo e, principalmente, para conseguir concretizar o seu sonho, é preciso ter uma visão nítida do objetivo a ser atingido.

Você precisa escrever a sua visão de futuro num papel e lê-lo com atenção todos os dias, várias vezes. Você precisa dormir imaginando a sua meta e acordar com essa visão em mente.

Quando você tem uma visão clara do seu futuro, a escreve num papel e a lê diariamente, essa visão se torna parte de você. Ela se torna um contrato assinado consigo. Vira uma declaração em que você diz a si mesmo que, independentemente do que aconteça, você continuará no caminho para chegar lá.

Com uma visão nítida do que quer, você contagia as pessoas ao seu redor e, automaticamente, essas pessoas começam a ajudar você a realizar o seu sonho. Principalmente ao incluir essas pessoas na sua visão de sucesso.

Quando sua equipe é contagiada por sua visão, ela soma forças com você. Porque as pessoas sabem que, quando chegar lá, você vai tê-las arrastado junto para o sucesso. E o sucesso será de todos. Então, todos terão dado vários passos na direção da realização do próprio sonho, da própria visão.

A visão nítida de para onde você está indo inspira também outras pessoas a terem suas próprias visões bem definidas. E as visões de todos se somam, levando todo o time para um resultado ainda melhor. Há um conhecido provérbio africano que diz: "Se você quer ir rápido, vá sozinho; se você quiser ir longe, vá acompanhado".

A força de cada ação que você empenha na realização de seus sonhos dependerá do quanto sua visão é nítida a respeito desses sonhos. Porque uma ação sem uma visão clara não passa de um simples passatempo. E passatempos servem apenas para isso: para passar o tempo. Não geram resultados.

SONHO É IGUAL PLANTA:
SE VOCÊ NÃO O REGAR, ELE MORRE.

Nunca subestime o poder de sua visão para mudar o seu mundo. A visão nítida é uma ferramenta poderosa para mudar a maneira como você enxerga e lida com os problemas e com as dificuldades. Tenha uma visão clara de onde quer chegar, uma verdadeira paixão pelo que você busca e jamais temerá as contrariedades ou os desafios. Tenha uma visão que valha a pena perseguir. E, então, caminhe todos os dias em direção ao futuro da sua realização.

Crie uma visão para perseguir e se apaixone por ela. Depois, articule essa visão, planeje como chegar até ela, trace uma rota e coloque o pé na estrada todos os dias. Até chegar lá. Até realizar a visão que você desenhou na sua mente e no seu coração.

Ter uma visão nítida é o grande diferencial entre as pessoas que realizam e aquelas que somente tentam, mas não chegam a lugar algum. Quem não tem uma visão nítida, não tem um porquê, não tem o que buscar, não tem esperança de fazer acontecer. E acaba não realizando coisa alguma.

Apenas por meio de uma visão nítida você terá a convicção de que seus sonhos serão realizados. E, assim, conquistará aquilo que a maioria das pessoas consideram impossível.

Tenha uma visão clara do que você quer e você será puxado por ela

Quando você tem uma visão clara do que quer, ninguém precisa empurrar você na direção das suas metas. Você terá a energia necessária para chegar lá.

Uma visão clara daquilo que você quer torna-se o seu motivador, é o que tira você todo dia da cama com energia, o que faz você abrir os olhos com muito mais vontade de viver e batalhar por aquilo que vem fazendo, por aquela meta que está buscando e pelo sonho que você quer materializar na sua vida. Ter uma visão clara do que você busca é fundamental para se tornar FODA e chegar ao sucesso e à realização pessoal. Mas lembre-se: sua visão de futuro deve também ser desafiadora, deve ser aquela que dá um frio na espinha só em pensar em realizá-la.

SE A SUA VISÃO NÃO O DESAFIA,
ELA NÃO É TRANSFORMADORA
O SUFICIENTE.

Quem não tem clareza de direção, não sabe o real motivo pelo qual está trabalhando, não tem a motivação necessária e sempre precisa ser empurrado por algo ou por alguém. Necessita de alguém que o cobre e pressione. Quem não se move sozinho sempre precisa de um chefe para dizer-lhe para onde ir e em que ritmo caminhar. Essa pessoa tem uma produtividade alta porque existe uma cobrança externa muito forte.

Quando você não tem um sonho forte e claro é muito fácil se perder no caminho. Quando você é um empreendedor com uma visão clara de seus objetivos, seus sonhos são o seu chefe, o seu líder, o seu motivador.

Ao ter uma visão clara, ela vai puxá-lo. Você não precisará ser empurrado por ninguém. Você abrirá mão de feriados, de fins de semana, do seu sono sagrado e de coisas importantes para você. Mas saberá que isso será apenas por um determinado tempo. Porque saberá que **sacrifícios temporários trazem recompensas permanentes**. Sacrifícios devem ser feitos com prazer, porque eles são passaportes para grandes transformações. E nos sacrificamos com prazer quando temos a clareza do que queremos. Caso contrário, seria insuportável se sacrificar, porque nossas ações perdem completamente o sentido, o significado.

É muito importante trabalhar na construção da visão clara dos seus objetivos. Porque é isso que vai diferenciá-lo e fazer com que você se destaque daqueles que não chegam a lugar algum – estimativas mostram que mais de 90% das pessoas não sabem por que fazem o que fazem e, no final das contas, não chegam onde querem ou onde pensam que querem chegar. Existe uma frase muito difundida que diz: "Ou você constrói o seu sonho, ou fará parte da construção do sonho de alguém". Não há outro caminho.

Talvez você queira me perguntar agora: "Como eu posso ter uma visão clara do que eu realmente quero?" A melhor forma, a que mais funciona comigo, é colocar tudo em um papel, escrever cada uma das coisas que você considera importante. Isso fará com que você defina melhor e sofistique suas metas. Mais ainda, vai dar a você o poder da clareza. E quando você tem o poder da

SEUS SONHOS SÃO O SEU CHEFE,
O SEU LÍDER, O SEU MOTIVADOR.

clareza, ela o puxa na direção da realização de seus sonhos. Assim, você nunca mais precisará ser empurrado por ninguém. E não espere ter a aprovação de ninguém. O sonho é seu e só você sabe o quanto ele vale a pena. Lembre-se: ninguém está nem aí para os seus problemas. O mundo aí fora não liga para os seus desafios. Por isso, não ligue para a opinião alheia. Prefira viver feliz do que estar certo para os outros.

Reconheça sua obra por completo

Visualizar a dimensão total da sua obra, completa e detalhada, mostrando onde você quer chegar e o futuro que quer construir, é uma ferramenta fundamental para o seu sucesso.

Quando reconhece a sua obra por completo, você tem o poder da clareza sobre aquilo que está construindo, você ganha uma aliada gigante nesta luta rumo aos seus objetivos: a possibilidade de viver a emoção de ver sua obra concluída, mesmo durante a fase de construção.

Há uma história bastante conhecida que ilustra isso:

Dois pedreiros trabalhavam em uma mesma obra construindo um novo templo.

Perguntaram a um deles: "O que você faz nesse seu trabalho?"

O homem prontamente respondeu: "Coloco tijolo em cima de tijolo e o cimento no meio, até dar a altura certa da parede"

Repetiram a mesma pergunta ao outro pedreiro. E ele então respondeu: "Eu estou construindo uma catedral"

Veja que diferença incrível! Um pedreiro só enxergava o básico da construção. O outro enxergava a obra final. Perceba quanta nobreza existe na visão do segundo pedreiro que podia compreender a grandeza com a qual estava contribuindo.

Procure perceber a carga emocional incrível que está embutida na expressão "Eu estou construindo uma catedral". É esse poder de clareza, de reconhecer a obra como um todo, que vai dar a você a energia para seguir adiante com o seu plano.

OU VOCÊ CONSTRÓI O SEU SONHO,
OU FARÁ PARTE DA CONSTRUÇÃO DO
SONHO DE ALGUÉM.

É essa energia que mantém você fazendo o que é necessário para buscar o que quer realizar. É dessa postura que nasce o seu legado, o impacto que você quer deixar no mundo com sua obra completa.

Então, visualize e reconheça muito bem a sua obra. Saiba por que você faz o que faz. Qual é o impacto que você quer deixar no mundo? O que você quer ganhar com isso? Qual é a diferença que você quer fazer à sua volta com aquilo que está construindo? Qual é a marca que você quer eternizar? Qual é o legado que você quer deixar para seus filhos e netos? O que você quer construir, para durar além da sua própria vida?

Para que você se mantenha na direção correta, sua visão deve ser clara e você precisa trabalhar nela todos os dias. Porque existem pessoas que ligam o piloto automático e não se ocupam em reconhecer sua obra, não enxergam um palmo à frente do próprio nariz, mas apenas a atividade de "colocar tijolo sobre tijolo", sem saber nem mesmo aonde isso vai levá-las.

As duas coisas mais incríveis que Deus nos deu foram, primeiro, saber que vamos morrer. A segunda é não saber quando. Mas, mesmo assim, tem gente que vive como se nunca fosse morrer. Depois, morre como se nunca tivesse vivido.

Compreenda que se você quer mesmo ter sucesso e ser feliz e realizado, não dá para ficar nessa rotina de só trabalhar para pagar as contas. É preciso mais. Então, conquiste o imenso poder que vem de ter uma visão clara e completa da sua obra.

Imagine a vitória

A maioria das pessoas, em vez de imaginar a prosperidade, é extremamente eficiente em pensar apenas nos desafios que vai encontrar ao longo de sua trajetória. Em vez de se ocupar em realizar o trabalho necessário, é mestre em se preocupar – ou, como gosto de dizer: "pré-ocupar". Para mim, a definição de preocupação é "a má utilização da imaginação".

Imaginação é uma coisa incrível. Se você a usa para coisas boas, ela abre portas imensas no seu caminho. Mas se você a usa para coisas ruins, ela pode se tornar um grande obstáculo. Uma imaginação negativa é um entrave enorme na sua trajetória e, com toda a certeza, vai atrapalhar, e muito, a chegar aos seus objetivos.

Se você não se disciplinar nas coisas que imagina, vai se tornar uma pessoa extremamente preocupada (ou "pré-ocupada"). Ou seja, você sempre sofrerá com as situações antes mesmo de elas acontecerem. E nunca realizará nada.

Pessoas preocupadas entram em um estado emocional muito mais baixo e, por isso mesmo, têm a *performance* e a eficiência abaixo do desejado e, até mesmo, mais baixo do que elas poderiam apresentar. Porque preocupar-se com coisas que ainda não aconteceram é a forma mais evidente e forte de dar importância para as famosas distrações, que invariavelmente tiram a pessoa do caminho que leva ao sucesso.

Existem duas maneiras de encarar sua jornada: a difícil ou a fácil. A difícil é quando você coloca o seu foco e a sua imaginação nas coisas que podem dar errado. A fácil é quando você coloca a sua imaginação, foco e pensamentos em coisas que podem dar certo. A partir disso, tudo acontece da melhor maneira.

A verdade é que a maioria das pessoas fica pensando apenas no que pode dar errado em sua trajetória em vez de focar em coisas boas, acreditando que vão dar certo. E isso destrói os sonhos e a esperança de realizá-los.

Não se engane. Se os seus pensamentos, imaginação e visão de futuro tenderem mais para o lado negativo, você nunca terminará nada. E ninguém aguenta trabalhar muito tempo sem ter resultados. Por isso, é extremamente importante que você procure ficar mais do lado positivo, com imaginação positiva e construtiva, e com foco no que você está realizando. É sempre você quem escolhe. Então, imagine coisas boas e foque nelas.

É importante saber que os imprevistos não são o problema. O problema é não saber lidar com eles. Você não tem controle sobre o que ocorre no seu caminho, mas pode dar um significado positivo e construtivo para tudo o que acontece com você.

Lembre-se de que essa é a sua luta, e a única pessoa que pode desistir do que você está fazendo é você mesmo. Ninguém pode desistir no seu lugar, ninguém pode desistir por você. Aquele enorme botão vermelho da desistência, somente você pode apertar.

Há um mito que diz que para vencer é só não desistir. Isso é uma mentira. A não desistência não garante nada. Apenas não desistir das coisas não levará você a lugar algum. Porque há uma diferença entre persistência e permanência. Tem gente que toma uma decisão de fazer uma coisa e não faz, apenas permanece com aquela decisão tomada. Já o persistente toma uma decisão e faz o máximo e o seu melhor para conseguir realizar e respeitar o tempo que os objetivos têm.

Quem opta pela permanência, toma a decisão simplesmente por tomar. O persistente faz o melhor de si e persiste até as coisas darem resultados. O permanente é estático, o persistente é dinâmico. O permanente nada realiza. O persistente avança e conquista.

Uma das frases mais poderosas que conheço e costumo falar, e que destaca a importância de sermos ativos e persistentes é: "Não peça a Deus para guiar seus passos se você não está disposto a mover seus pés".

Então, para conquistarmos o sucesso, precisamos acreditar nele a ponto de vê-lo acontecendo em nossa vida. E então pôr os pés na estrada e percorrer o caminho até ele.

É claro que não podemos ser alienados a ponto de acreditar que não teremos desafios, ou que o imprevisto não vai acontecer, ou mesmo que as coisas nunca fugirão do nosso controle. Não se trata de ver tudo com lentes cor-de-rosa e não acreditar que coisas difíceis vão acontecer. Mas precisamos ter uma visão positiva quanto à nossa capacidade de lidar com as dificuldades e de superá-las.

Tem gente que me pergunta se eu não fico triste com nada, porque estou sempre alegre. Claro que eu fico triste. Muitas coisas me chateiam, mas eu procuro condicionar os meus pensamentos para ficarem mais do lado positivo do que do negativo. Esse é o equilíbrio que vai determinar o seu sucesso.

Empreender é acreditar na sua ideia, no seu potencial, na sua capacidade, no seu objetivo, na oportunidade que você encontrou.

NÃO PEÇA A DEUS PARA GUIAR SEUS PASSOS SE VOCÊ NÃO ESTÁ DISPOSTO A MOVER SEUS PÉS.

Então, fique sempre muito alerta para como você usa a sua imaginação. Lembre-se: a preocupação (ou ainda a "pré-ocupação") é a má utilização da sua imaginação.

Pare agora e analise: Como você utiliza a sua imaginação no seu cotidiano, dentro da sua trajetória para o sucesso? Você pende mais para o lado negativo ou para o lado positivo? Você está satisfeito com isso? Se não está, o que você pode fazer para mudar essa realidade?

Foco incontestável

Com uma visão clara e um senso forte de direção, você tem chances incríveis de construir um perfil FODA e conquistar o sucesso que procura. Para melhorar ainda mais os seus resultados, é muito importante também ter foco na caminhada, no objetivo, na meta a ser atingida. O foco ajuda a melhorar a resolução da imagem e torna mais claro para onde você está indo.

A pessoa focada não deixa uma meta se perder; é um indivíduo que não se distrai, não cede às tentações da caminhada; é alguém que tem sempre em mente a visão daquilo que quer realizar. É uma pessoa que tem um olho na paixão, e outro no processo que precisa ser executado.

É muito importante ter uma visão nítida do futuro que você deseja conquistar e também ter o foco bem direcionado. É o foco naquilo que deve ser feito que não deixa você se perder pelo caminho.

Existem pessoas que são muito produtivas e outras que são apenas muito ocupadas. As pessoas que são apenas muito ocupadas são aquelas que perdem o foco. Trabalham muito, sem focar no objetivo e nas tarefas necessárias e acabam não obtendo muitos resultados.

Tenha sempre um bom foco para realizar aquilo que você se propuser a fazer, para conquistar aquilo que busca. Para ter um foco ajustado, elimine tudo aquilo que pode lhe causar distração, tudo o que pode boicotar os seus esforços. Pode parecer óbvio dizer isso. Mas, embora esse seja um dos grandes segredos do sucesso, ainda existem muitas pessoas que não limpam a mente, o ambiente, o local de trabalho e insistem em se manter em situações que lhe tiram o foco e a concentração no que realmente importa.

Quer um exemplo atual, bem simples e evidente do que pode nos tirar do foco? Pense sobre como você usa as mídias sociais na internet. Um inocente navegar pela rede pode boicotar totalmente os seus objetivos. Pode tirar você do foco, reduzir a sua *performance* e diminuir os seus resultados.

É incrível como as pessoas, hoje em dia, usam uma ferramenta poderosa como a internet de modo errado. Uma mídia social, que pode muitas vezes ajudar a ampliar os seus negócios, uma pesquisa *on-line* que pode ajudar você a produzir mais e com mais conteúdo, muitas vezes são usadas de modo que atrapalham os seus objetivos. E acabam consumindo o fator mais importante que temos na vida: o tempo. Elas consomem tempo sem nada deixar em troca. Ou seja, tudo depende de como você usa a internet e as mídias sociais.

Você já se perdeu em uma rede social? Seja sincero. Você está lá trabalhando, de repente, chega um aviso de mensagem – aqueles avisos que pulam na sua tela, independentemente do que você esteja fazendo no computador. Você percebe a mensagem com o canto do olho e resolve ler o que está escrito. E, então, não resiste à tentação de ir até lá para ler a mensagem. Você entra naquela mídia social e quando percebe está agindo assim: "rola, rola, rola, curte, rola, rola, curte, rola, clica..." Quando você se dá conta, já passou meia hora, quarenta, cinquenta minutos... e nesse tempo todo você não fez nada do que havia se programado para fazer.

Então, esteja alerta. Não se distraia. Tenha sempre um olho grudado na sua paixão e o outro olho fixo no processo que o levará a realizá-la. Foque no objetivo e se mantenha concentrado em cada ação que o levará até ele.

Deixe-me ser mais incisivo nisso, mais específico: para eliminar tudo aquilo que pode distrair você, antes de tudo, faça uma lista de tudo o que você percebe que neutraliza seus esforços, de tudo o que tira o seu foco.

Por exemplo, há pessoas que não conseguem trabalhar em casa. Estar em casa tira o foco delas, porque existem muitas distrações que não conseguem evitar: o filho, o parceiro, o cachorro, o telefone tocando, a televisão ligada e tantas outras coisas mais. Então, essas pessoas têm que estar em um ambiente mais adequado para serem mais produtivas, para não perderem o foco.

Pegue essa sua lista diariamente, leia com atenção e se conscientize de tudo o que você percebe que neutraliza seus esforços. Depois, fique atento a essas coisas. Policie-se, não se deixe cair em tentações. Foco, foco, foco... é daí que virão os seus melhores resultados.

Outra coisa que tira o foco e consome muita energia sem resultados é tentar fazer um monte de coisas ao mesmo tempo. No final, você vai perceber que agir assim produz um resultado muito ruim: não sai nada direito, não rende nada, você fica frustrado e não atinge o seu objetivo. Então, faça uma coisa de cada vez.

Sou uma pessoa muito enérgica e, quando comecei a empreender, eu me distraía, dissipava meu foco. Então eu tive de aprender a me policiar: "Caio, foco total. Preste atenção no que você está fazendo agora. Concentre-se apenas nisso". Essa era a conversa mental que eu tinha diariamente comigo. Eu sempre queria fazer mais de uma coisa ao mesmo tempo. Até dá para fazer mais de uma coisa ao mesmo tempo, mas é muito melhor dar 100% de sua energia e concentração para uma única atividade, e só depois partir para a próxima, e depois para a próxima, e então a outra... agindo assim, você logo vai perceber como o trabalho rende muito mais, como você realiza mais e fica muito mais satisfeito com os seus resultados.

Faça sua lista, cuide para evitá-las a cada momento e insista nesse cuidado até que você se torne hábil para colocar-se automaticamente no "modo focado" e realizar tudo o que realmente lhe interessa.

Foque e aja com determinação. Elimine uma coisa por vez e faça direito, faça bem-feito, atinja cada objetivo que você determinou. Uma coisa de cada vez, uma a uma, com consistência e dedicação.

Não troque o que você mais quer pelo que você precisa agora

Como disse Joshua L. Liebman – rabino e escritor norte-americano, autor do *best-seller Peace of Mind* –, a maturidade é alcançada quando a pessoa coloca de lado a satisfação dos prazeres imediatos em função da conquista de valores de longo prazo. O maior inimigo do que a gente mais quer é aquilo que a gente quer agora.

Portanto, é isso que é preciso para ter sucesso em seu empreendimento: desenvolver a sua maturidade como empreendedor.

Sim, porque a maior causa de infelicidade é a troca do que é preciso por aquilo que se tem vontade. O maior inimigo daquilo que você mais quer é aquilo que você quer agora. Tenha isso sempre em mente.

Quem olha apenas para a necessidade presente, come a semente que serviria para gerar toda uma plantação; desiste de ter todo o tempo que quiser para se divertir no futuro porque quer aproveitar um fim de semana agora, quando deveria estar trabalhando fortemente no seu projeto de vida, ou seja, empenha a energia de um projeto maior em uma satisfação do agora, que não levará a lugar algum.

Infelizmente, as pessoas são muito mais inclinadas a seguir suas vontades imediatas do que a esperar pelos benefícios futuros. As pessoas que mais conquistam são aquelas que abrem mão de uma recompensa instantânea por algo muito maior e permanente no futuro.

Você provavelmente já fez uma compra de supermercado com fome, não é? Como uma pessoa se comporta nessa situação? Ela toma a decisão de comprar aquilo que quer no momento e não o que realmente precisa e faz sentido para o consumo da casa de acordo com o orçamento do mês. Ela toma as decisões de compra baseada numa necessidade de momento: a de satisfazer a fome que está sentindo.

O maior inimigo do que você mais quer é aquilo que você precisa no momento presente, no agora. Sim, porque o instante é tentador e levará você a tomar decisões erradas. O seu desejo imediato sempre será uma força no sentido contrário de onde você quer mais chegar.

Pense nestas situações: a pessoa está poupando para comprar um carro, mas, de repente, se apaixona por uma bicicleta e gasta boa parte da poupança na compra dela. Um indivíduo põe a perder um bom regime, que poderia trazer mais saúde e boa aparência, porque quer comer mais um daqueles docinhos que estão à sua frente. A pessoa compromete todo o orçamento do mês e a sua tranquilidade financeira porque não resistiu a uma grande oferta, fazendo uma compra que não deveria e não precisava.

Diariamente um grande número de pessoas toma decisões não baseadas em seus projetos de longo prazo, ou em metas que traçaram no início da sua jornada empreendedora. Deixam de lado todo um planejamento e pegam um caminho totalmente diferente, porque preferem atender a um desejo imediato, ter algo que queriam no momento presente e que, na maioria das vezes, nem mesmo era necessário.

Outras pessoas decidem pegar um atalho na vida e esquecem que os atalhos são sempre esburacados e pouco sinalizados, dificultando o trajeto e o senso de direção.

As pessoas mudam de trajeto em busca de ganhos imediatos, de satisfações de momento, sem perceber que estão comprometendo todo o futuro de realização dos seus sonhos mais importantes.

A pessoa começa um negócio que ama, que tem paixão, que quer realizar, mas de imediato não tem os resultados que queria. Em vez de esperar pelo tempo certo de amadurecimento dos resultados de suas ações, ela muda de direção e de interesse, perde o foco e cede à falsa impressão de que precisa fazer ou ter alguma coisa de momento, que lhe dará um pouco de satisfação.

Existe um ditado assim: "Não adianta você querer colher maçãs na primavera, se a macieira só dá frutos no outono". Ou seja, é preciso esperar o tempo certo para colher os frutos do seu trabalho. Não dá para sair por aí gastando energia com paliativos, com falsas satisfações para tentar minimizar as frustrações de esperar o tempo certo da colheita.

O segredo do sucesso FODA é: siga o plano e não desvie do foco principal do seu projeto. Não estou dizendo que você não pode

O MAIOR INIMIGO DO QUE
A GENTE MAIS QUER É AQUILO QUE A
GENTE QUER AGORA.

e não precisa fazer ajustes no seu planejamento. Nenhum plano foi feito para ser conquistado de primeira mão, nem é infalível ou livre de erros. Um plano serve, basicamente, para dar uma luz para a sua caminhada, para balizar o seu trajeto em direção à sua meta. Mas, no caminho, você com certeza terá de fazer os ajustes necessários.

É importante entender que, quando você estiver em uma bifurcação da vida e tomar uma decisão baseada somente no que precisa naquele momento, você apagará uma parte do seu maior projeto, da sua maior meta para o futuro. Porque, normalmente, aquilo que queremos de imediato, aquilo que queremos e queremos agora, pode ser muito prejudicial para o sucesso dos nossos planos.

Essa é a principal razão para que você nunca tome uma decisão importante baseada apenas em uma necessidade de momento. Porque, se você for paciente e consciente e der o tempo certo, vai perceber que aquela necessidade é passageira. Aquilo passa, mas se você ceder a ela pode comprometer todo o seu projeto de vida.

Lembra-se do exemplo do supermercado? Quem nunca teve essa experiência? Naquela hora em que está no supermercado, você está feliz, porque comprou um monte de coisas que vão acabar com a sua fome daquele momento. Mas, depois de saciá-la e passar a ansiedade por comprar tudo de gostoso que você vê pela frente, depois que a necessidade de curto prazo tiver sido satisfeita, virá o arrependimento e você vai pensar:"Puxa, acabei gastando demais com coisa que eu nem precisava". E quem sabe você ainda vai perceber que, com isso, comprometeu seu orçamento da semana ou do mês.

O arrependimento mora na sua mente, quando você toma decisões baseadas somente no que precisa na hora, no momento presente. Por isso, nunca tome uma decisão importante logo após dar um grande tropeço. Porque, nesse caso, quem toma a decisão não é você, e sim algum sentimento que tomou conta do seu estado mental naquela hora. Então, é melhor esperar esse sentimento sair de você para ter mais clareza e mais certeza da decisão a ser tomada. Tomar uma decisão depois de um grande tropeço é onde mora o arrependimento. Somos feitos de sentimentos, mas não podemos deixar que eles tomem decisões em nosso lugar.

Claro que a vida é tentadora, é desafiadora. Muita gente desvia do caminho certo apenas para preencher uma necessidade de momento, para satisfazer um desejo premente. É desafiador manter-se na direção correta, é sacrificante e, muitas vezes, exige determinação e senso de resignação, mas vale a pena, porque pior seria comprometer todo o seu planejamento de longo prazo apenas para viver um momento presente e passageiro.

Tenha sempre em mente aquilo que você quer no futuro, isso é mais importante do que aquilo que você quer agora.

Na vida, a gente adora queimar energia e gastar tempo com coisas sem muita importância real. Mas é preciso pensar em poupar energia e recursos para as grandes conquistas do futuro.

Criando sinergia em torno de sua visão de futuro

Sinergia tem a ver com a ação ou esforço conjunto de um grupo de pessoas. É cooperação, coesão de esforços, é trabalho coordenado e associado. Tem a ver com a cooperação entre grupos ou pessoas, em benefício de um objetivo comum. Quando existe sinergia, o resultado é sempre maior do que a simples soma dos esforços individuais.

Uma frase atribuída ao escritor anglo-irlandês Jonathan Swift afirma: "Visão é a arte de ver o que está invisível para os outros".

Realmente, essa é uma grande proeza, uma grande capacidade pessoal. Mas o grande resultado de ter uma visão clara e bem definida é poder passá-la para as pessoas, para o seu time, para a sua equipe, e envolver essas pessoas com essa visão. Assim, você gera uma sinergia em torno da realização dessa visão que você dividiu com todos e que passa a ser também um pouco de cada um dos envolvidos.

Quando você tem uma visão clara e bem definida, as pessoas vão instintivamente seguir você e somar forças para que tudo o que você planejou aconteça. Porque elas sabem que somando forças com você as coisas que elas planejaram também acontecerão.

Afinal, como afirmou o autor norte-americano Warren Bennis – pioneiro nos estudos do campo da liderança: "Liderança é a capacidade de traduzir uma visão em realidade". E quando você tem uma visão clara e uma direção a seguir bem definida, torna-se capaz de transformar essa visão em realidade, não apenas para si, mas também para todos os que participarem de sua busca por esse objetivo. Se você tem certeza de para onde está indo, as pessoas o seguirão. Então, mexa-se, porque ninguém segue quem está parado.

Para conseguir sinergia em torno do seu projeto de vida, do seu empreendimento e da sua visão de um futuro melhor para você e para todos que caminham ao seu lado, é importante ter em mente que um líder de verdade tem a visão e a convicção de que um sonho pode ser alcançado. E precisa diariamente inspirar força e energia para fazer isso acontecer. Lidere pessoas e ajude a construir um futuro melhor para todos, e você terá então a sinergia necessária para fazer com que a sua visão pessoal de sucesso se realize.

Como você pode perceber, quando falamos de sucesso, estamos antes de tudo falando de dedicação ao trabalho que o levará a realizar a sua visão de futuro.

Você pode não estar ainda onde você gostaria de estar ou pode não estar fazendo o que você gostaria de fazer, mas compreenda que está no caminho certo para chegar lá. Por isso, mantenha a disposição, a crença positiva e a fé enquanto estiver na sua jornada. Com a direção certa e a dedicação necessária, você realizará aquela visão incrível de futuro que determinou para a sua vida.

Por isso, pare um pouco e responda com calma a estas perguntas: Por que você faz o que faz? O que você veio fazer aqui? O que você quer?

Quando você conseguir responder a isso com rapidez, convicção, propriedade e clareza, então entenderá que vai conseguir realizar o que quer.

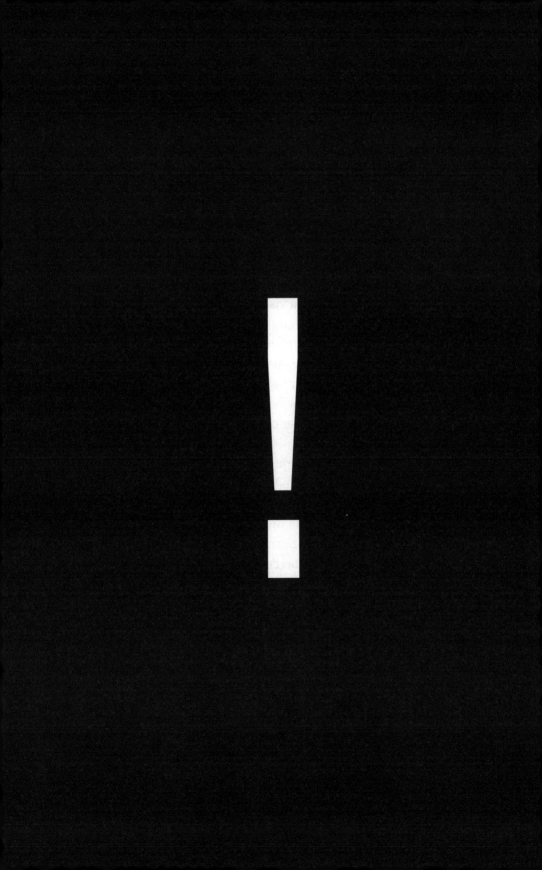

3. Atitude e execução

Execução é o processo em ação. Se você tem um sonho, mas não há um processo acontecendo, não há ação, então você não terá uma realização de longo prazo: você terá uma desilusão de longo prazo. Por isso, é muito importante estar sempre focado na execução.

Você é a única pessoa que pode dizer se teve uma semana eficiente avaliando o quanto evoluiu em relação às coisas que se propôs a executar. Nunca aceite um índice de realização abaixo de 100%, ou você estará comprometendo o seu negócio. Digo sempre para as pessoas que o sucesso é igual à fidelidade: ele só aceita 100%. Ou você se entrega 100% ou ele vai virar a cara para você.

Lembre-se de que uma ideia é só uma ideia. Quantas ideias nos surgem todos os dias? Quantas pessoas têm grandes ideias, e quantas delas morrem com suas grandes ideias? Muitas vezes você tem uma ideia, mas sabe que milhares de pessoas também já a tiveram e não deram certo. Será que você pode acreditar que vai levar isso adiante e fazer essa ideia dar certo? O que você tem de diferente para fazer isso funcionar?

A diferença, e possivelmente o seu diferencial, está em executar. O que manda mesmo é a execução. Ela é a mãe da realização. Esta é a grande arma para fazer com que boas ideias deem certo: planeje, execute, revise... planeje, execute, revise.

Então, a pergunta crucial é: Como está o seu nível de execução? O que você pode fazer para melhorar nesse aspecto?

Uma coisa muito importante é que nem sempre um alto nível de execução está ligado à quantidade de coisas que você faz, ou ainda ao quanto você realiza algo. Geralmente, um alto nível de execução tem mais a ver com qualidade.

Por isso, uma regra de ouro para você ter qualidade na sua execução é sempre planejar com cuidado, no final de cada noite, o que você fará no dia seguinte. Anote as cinco coisas prioritárias que você fará e que o ajudarão a avançar em direção à sua meta, ao seu objetivo. E se prepare mentalmente para acordar no outro dia com essas ações em mente e preparado para executá-las com qualidade.

É muito importante ter claro, dentro do seu negócio, o que você deve fazer a cada etapa, dia após dia, para efetivamente direcionar suas ações para os resultados que espera conquistar. Saiba exatamente o que é preciso fazer, quais são as ações necessárias para gerar os resultados que faz seus negócios crescerem, quais habilidades você precisa aprimorar para fazer seu empreendimento se expandir e o seu sonho acontecer. E então torne-se um fã incondicional do processo de execução.

A execução contínua e persistente de pequenas ações é o que faz tudo acontecer de fato. Para entender essa ideia, pense em um relógio de ponteiros. Se alguém lhe perguntar se ele está funcionando, a primeira coisa que você vai fazer é olhar para o relógio. Depois, você vai responder à pergunta.

Se a sua resposta for sim, eu garanto que você só respondeu desse modo porque viu o ponteiro dos segundos se movendo. Você não olhou para o ponteiro das horas ou dos minutos. Você olhou para o ponteiro dos segundos e viu se ele estava trabalhando. Porque é o trabalho desse ponteiro, segundo a segundo, que mostra que o relógio funciona para marcar as horas.

Então, você deve estar focado nas pequenas execuções do dia a dia, para realizar as grandes ações e conquistar grandes resultados. A execução disciplinada e continuada é o que manda, quando você busca o sucesso.

A execução é que dá à luz a realização. Não são as ideias, não é a sua personalidade, não é somente o planejamento. É a execução que realmente faz acontecer.

A execução é a responsável pela transformação

A execução é a responsável pelo milagre de transformar o nada em algo. Ideias são maravilhosas, conhecimentos são incríveis, mas a execução é o que realmente transforma, o que faz acontecer.

Fique muito atento e avalie constantemente o estado da sua execução. Observe como você tem atuado no dia a dia, naqueles pontos que são fundamentais para construir o seu sucesso. Porque é a execução que irá gerar os resultados de que você precisa.

A execução é a mãe da transformação. Todo o restante é um *plus*, um turbo para acelerar a execução e levar você ao resultado. Sem dúvida, o conhecimento turbina a execução. Quando executa algo com uma grande bagagem, você turbina a execução, torna-se mais eficiente, entra mais forte nas atividades e produz mais resultados. Porém, não adianta nada ter um carro turbinado que não é colocado em movimento.

O conhecimento, as ideias, as experiências passadas, isso tudo serve para turbinar o seu motor. Mas você deve estar mais atento a manter o motor funcionando e o carro em movimento. Senão, todo o resto não fará sentido.

Portanto, verifique agora o estado do movimento do seu carro em relação à estrada dos seus objetivos:

- ! Como está a execução do seu projeto?
- ! O motor do seu carro do sucesso está funcionando e você está avançando na direção certa?
- ! Você está pisando fundo no acelerador?
- ! Como estão as suas atividades diárias?
- ! Como está a execução das coisas básicas para a construção do seu negócio?

Quanto maior for o seu controle desses indicadores básicos, maior será o milagre da transformação da sua vida em algo que você realmente deseja.

Preste muita atenção na parte prática da sua jornada diária, em como estão os seus indicadores de transformação e em como você tem executado os seus planejamentos de sucesso.

Faça o seu melhor e não apenas o possível

Por que você faz o que faz? Para que você quer ter sucesso? O que move você nessa jornada?

Eu sei que, provavelmente, há pessoas que estão na sua lista negra, para quem você quer provar que está certo, quer mostrar que você consegue ter sucesso. Tudo bem quanto a isso. Afinal, quando estamos batalhando para construir um

TORNE-SE UM FÃ INCONDICIONAL DO PROCESSO DE EXECUÇÃO.

empreendimento, aparece muita gente para tentar agourar o nosso empenho.

O meu conselho, se esse for o seu caso, é que você use esse sentimento como combustível para seguir adiante. Mas isso não pode ser o seu motivo principal. Essa não pode ser a principal razão para você se dedicar ao que faz. Simplesmente porque esse modo de pensar e de ver as coisas tem uma carga emocional negativa embutida, que vai atrapalhar o seu desempenho e a sua satisfação de trabalhar todos os dias na busca pelos seus sonhos.

Quando você faz algo querendo ter sucesso somente para esfregá-lo na cara de alguém, isso não traz o melhor resultado. Então, pare e pense: você faz do desejo de vingança um motivo para a sua busca pelo sucesso? Se sim, lembre-se de que a vingança é aquele veneno que você toma querendo que o outro passe mal.

Então, se você tiver a vingança como seu principal motivo para continuar na jornada, é preciso mudar isso urgentemente. Não queira ganhar dinheiro apenas para mostrar quem você não é para alguém de quem você não gosta.

A sua maior vingança, no bom sentido, é o sucesso. Por isso, deixe que seus resultados falem por você. Apenas faça o que deve ser feito, com a vontade e a determinação de realizar o seu sonho.

O bom empreendedor precisa ter um motivo muito bom embutido nos seus planos, para fazer o que faz. Deve ter um porquê sólido, um motivo significativo e com uma carga emocional positiva.

Acredito que temos duas grandes alegrias nesta vida: a primeira, quando nascemos; a segunda, quando descobrimos o motivo pelo qual nascemos. Porque, quando temos esse motivo claro, sabemos qual é o nosso propósito, a nossa missão, e fica muito mais fácil encarar qualquer adversidade.

Por isso, sempre digo que o maior ativo em nossa vida são as pessoas que acreditam em nós e nos incentivam. São as grandes turbinas na nossa jornada para o sucesso. Ter pessoas que acreditam na gente é algo muito mais valioso do que qualquer outro bem material que se possa ter. Mesmo que você perca tudo na vida, tendo essas pessoas ao seu lado, conquistará tudo de novo.

Lembre-se sempre de que, quando você empreende, o início é sempre mais difícil. Ao ingressar no mundo empreendedor, você não terá resultados imediatos e por isso seu poder de ação será muito pequeno. Porém, à medida que seus resultados aparecerem, menos resistências você terá, menos as adversidades externas o afetarão, mais pessoas você atrairá e juntará em torno de seus objetivos.

Então, seja surdo a quem duvida de você, para não ouvir as negatividades. Simplesmente, faça o que é preciso. Apenas execute, dia após dia. Faça o seu melhor e não apenas o possível. Coloque-se e se mantenha em ação e deixe que os seus resultados falem por você.

Neste ponto, quero chamar a sua atenção para o fato de que é muito importante saber a diferença entre eficiência e eficácia quando se fala em fazer apenas o que precisa ser feito.

Eficiência é fazer **bem-feito**. Eficácia é fazer bem-feito **o que precisa ser feito**.

Existe uma antiga história que fala de um problema ocorrido nos Estados Unidos, quando a indústria de geladeiras ainda estava no começo de suas atividades. Contam que quando uma família comprava uma nova geladeira, era costume deixar a antiga no porão da casa, e as crianças brincavam de se esconder dentro dela.

Porém, aquelas geladeiras antigas tinham um sistema de fechamento com uma trava grande na porta. E só fechavam e abriam por fora. Então, houve uma série de acidentes, porque era frequente a porta bater e a criança ficar presa e acabar morrendo asfixiada.

A indústria toda se mobilizou, fizeram grandes projetos, imaginando uma trava de porta de geladeira que também abrisse por dentro, para o caso de alguém ficar preso. O projeto ficou caro, a implementação da nova trava ficaria ainda mais cara, mas valeria a pena, se fosse para salvar vidas de crianças. Realmente, todas as equipes estavam se mobilizando **com eficiência** para fazer bem-feito algo que trouxesse uma solução para o problema.

Mas, de repente, um funcionário da linha de produção, vendo toda aquela movimentação, chegou para um dos engenheiros do projeto e perguntou: "Por que vocês não colocam um ímã na porta da geladeira? Assim, se alguém ficar preso, basta empurrar a porta com os pés". Isso sim é **eficácia**!

Tem gente que é extremamente eficiente em coisas que não trazem resultados, ou mesmo que não precisam ser feitas. Digo que essa pessoa é muito eficiente na coisa errada, pois faz muito bem a coisa que não vai levá-la para o próximo nível, que não vai levá-la ao resultado que busca. A partir daí, entram no campo do "estar ocupado" e não do "ser produtivo".

Então, fique atento: seja eficaz. Tenha sempre a consciência de investir seu tempo naquilo que realmente traga eficácia.

O único remédio para a preocupação é a ação

Quando não se planta nada na cabeça, não é que não nasce nada. Nasce praga. Por isso, você precisa manter a mente ocupada com coisas construtivas. A melhor forma de fazer isso, de manter a mente focada em seu sucesso, é manter-se em ação.

A ação cura o medo e o ócio favorece o pessimismo. Por isso, evite o ócio ao máximo. Nunca fique sem nada para fazer, mantenha-se sempre em ação. Procure cercar-se de pessoas que sejam FODA e que sempre ajam na direção de suas metas. Pela famosa lei da associação, você é a média das cinco pessoas com quem você convive. O grande segredo é: mantenha-se em ação, mas fazendo o que é certo. E aprenda sobre o que é certo convivendo e observando pessoas que já têm o sucesso que você quer conquistar.

Quando está ocupado executando alguma coisa, você não tem tempo para pensar em besteira. Quando falo em besteira, refiro-me àquelas preocupações cotidianas, ou mesmo àqueles desafios reais que existem na sua vida, mas que no momento presente você não tem como resolver. A única coisa que faz você reduzir a preocupação, ou mesmo o medo, é manter-se em ação.

É importante perceber que a preocupação é a má utilização da imaginação. Quando está preocupado, você começa a pensar em todas as possibilidades negativas daquilo que está fazendo.

E se isso der errado? E se alguém falar isso ou aquilo? E se essa pessoa pensar isso ou aquilo a meu respeito? As pessoas se preocupam constantemente, ou seja, se ocupam com algo antes mesmo desse algo acontecer. Começam a pensar em uma dada circunstância sem nem mesmo saber se ela vai se concretizar.

Acho válido deixar aqui bem claro a diferença entre **medo** e **pânico**. Medo é um estado de alerta. Pânico é uma incapacidade de ação. O medo é fundamental para nos mantermos vivos, para nos prepararmos para o que virá. Porque quem não tem medo vira um grande inconsequente. Por exemplo, eu tenho medo de subir no palco e fazer uma apresentação. Só que esse medo vem na medida certa e faz com que eu me prepare para me apresentar, faz com que eu dê o meu melhor. Ajuda-me a ficar completamente focado, centrado, a dar o meu máximo. Porque aquilo me causa um desconforto e é um desafio. Então o medo é ótimo, é um alarme que desperta você sempre que está prestes a fazer algo significativo em sua vida.

O pânico, porém, é o exagero do medo. O pânico paralisa, entorpece e gera incapacidade de ação.

Quando está preocupado demais, você fica paralisado e perde eficiência, porque o pensamento de que algo pode dar errado, aquela possibilidade negativa, tira a sua energia, o seu foco, a sua concentração, a sua garra e a sua fome de continuar fazendo aquilo que você sabe que deve fazer.

Isso é uma tremenda armadilha mental. É dessa condição de negatividade que nasce aquele pensamento derrotista que lhe diz que "talvez você esteja gastando muita energia em algo que pode dar errado". E isso mina toda e qualquer vontade sua de trabalhar para realizar os seus sonhos. Você mesmo se sabota e põe os seus planos a perder.

Atitude não é o que eu faço, mas o estado de espírito em que eu me coloco para fazer aquilo que eu faço. Ter atitude não é fazer alguma coisa, é o estado de espírito em que nos colocamos ao fazer alguma coisa.

O único remédio para as suas preocupações são as suas ações. E é um remédio poderoso. Comece a executar o que planejou e você não vai ter tempo para pensar em besteira, nem nas possibilidades negativas.

Perceba que não estou falando para você negar as dificuldades e não se preparar para elas. Você não deve, nem pode, negar as dificuldades e os imprevistos, porque, senão, você se torna um alienado, o que é muito diferente do que estamos falando aqui. Estou dizendo para você ter um plano, saber que, se algo não der certo, ainda haverá outras possibilidades. Deve-se ter consciência de qual é o caminho a se tomar, caso haja algum imprevisto.

Pense assim: se der certo, felicidade. Se não, sabedoria. Para mim não existe experiência boa nem ruim. Existe aquela em que eu ganhei e aquela em que eu aprendi.

Se você tem o hábito de se preocupar demais com algumas coisas, então foque nas suas ações. Execute, entre forte naquilo que você sabe que precisa ser feito e você não terá tempo de pensar em besteira, nem de criar energias que o desviem do seu caminho.

Não espere ficar bom para decidir fazer algo

"Não vou fazer isso porque ainda não tenho prática", "Não sou bom fazendo isso, por isso mesmo nem me atrevo a fazer", "Quando eu for bom fazendo apresentações, vou falar sobre negócios para todo mundo"... Será que você já ouviu alguém falar essas frases?

Pois bem, essa é uma armadilha que leva a maioria das pessoas a nunca realizar nada na vida. Porque ter esse pensamento de "eu só farei alguma coisa quando sentir que já estou bom nisso" é um atraso de vida. Não faz o menor sentido. Não tem como você ficar bom em algo sem antes começar a colocá-lo em prática. A excelência vem com a prática.

Pense em um piloto de avião. No começo, ele só pilota pequenos aviões. Mas, à medida que vai acumulando horas de voo, vai subindo de qualificação e passa a pilotar aeronaves maiores. Até que atinge um número de horas de voo suficiente para pilotar um *boeing*. Você já imaginou o que aconteceria se o piloto dissesse "só vou pilotar um avião, quando eu for bom o suficiente para pilotar um *boeing*"?

A AÇÃO CURA O MEDO E O ÓCIO
FAVORECE O PESSIMISMO.

Em seu livro *Fora de série (Outliers)*, o jornalista britânico Malcolm Gladwell apresenta a ideia de que você precisa colocar pelo menos dez mil horas de esforço e dedicação para se tornar um especialista, para ficar bom mesmo em alguma coisa. Sem entrar no mérito de quanto tempo é realmente preciso, ou em como ou em que condições essas horas deveriam ser dedicadas, o que existe por trás dessa afirmação é exatamente a ideia que estamos reforçando aqui, ou seja, de que é a prática que leva à perfeição.

Querer fazer uma atividade só quando você estiver bom, quando estiver pronto para fazê-la, é um erro que travará tudo o que você fizer dentro da sua jornada.

Por exemplo, pense em uma atividade empreendedora extremamente importante, como apresentar a sua ideia para as pessoas. Você está buscando o seu objetivo e quer compartilhar uma ideia ou uma oportunidade. Mas fica paralisado porque tem medo do julgamento dos outros, pois acha que, como nunca compartilhou suas ideias com os outros, então você não é bom em fazer isso. E fica adiando essa ação, pensando em só começar a fazer suas apresentações, quando estiver preparado para isso, quando for capaz de fazer uma ótima apresentação. Mas, como é que você vai ficar bom nisso, se nunca começar a fazer?

Se você está esperando ficar bom em alguma coisa para começar a fazer, saiba que isso não existe, que você está delirando. Se você pensar dessa maneira, você nunca vai ser bom em nada. A única maneira de ser bom, de se tornar bom, é praticando.

É muito importante ajustar a nossa forma de pensar sobre algumas coisas. Existem pensamentos, que alimentamos, que atrasam a nossa caminhada para o sucesso. Então, é preciso bloquear esse medo do julgamento alheio. É preciso fazer o que for necessário para avançarmos na nossa rota para o sucesso, é preciso agir sobre aquilo que sabemos ser necessário para realizar nossos planos.

Não há nenhum sentido ficar se preocupando com a opinião alheia. Afinal, ninguém liga para os seus problemas. Então, foda-se a opinião alheia! É importante, às vezes, na vida, a gente apertar a tecla "foda-se".

ATITUDE NÃO É FAZER ALGUMA COISA,
É O ESTADO DE ESPÍRITO
EM QUE NOS COLOCAMOS AO FAZER
ALGUMA COISA.

Em geral, pessoas que pensam que só devem fazer alguma coisa quando acreditam estarem preparadas o suficiente para isso são aquelas que se preocupam muito em agradar aos outros. Mas esquecem que a primeira pessoa que devem agradar são elas mesmas. Pense sobre isso. Afinal, é com você mesmo que você vai ter de viver o resto da sua vida.

É a prática que traz a excelência. A excelência virá durante o processo. Hoje você deve fazer o melhor que pode na condição que tem e assim terá maiores chances para fazer melhor ainda. Inclusive, existe uma filosofia japonesa, conhecida como *Kaizen*, que significa "Hoje melhor do que ontem e pior do que amanhã". Ou seja, é a ideia da melhoria contínua, baseada na prática da atividade que você se propõe fazer. É a ideia de tornar-se melhor a cada dia, um dia após o outro, praticando aquilo que você quer desenvolver.

Fique muito atento à execução, se o seu desejo é realizar algo, se você tem um objetivo a ser atingido. É claro, prepare-se, adquira conhecimento. Preparar-se é algo essencial. E então se jogue por completo na execução do plano que você traçou.

Nada substitui a vivência de quem está no campo jogando, de quem está na linha de frente, praticando e agindo no dia a dia. Você só terá maturidade de jogo quando se colocar ali, na grama, frente ao adversário, na batalha. É ali que você vai adquirir as maiores e melhores experiências. E conforme os jogos forem passando, você ficará muito bom fazendo o que se propôs a fazer.

Tudo que é fácil, um dia foi difícil

Esta é uma grande verdade: tudo o que é fácil para você hoje, já foi difícil um dia. Sim, porque ninguém nasce sabendo. É preciso aprender e praticar. E depois tudo se torna mais fácil.

A partir dessa ideia, é simples entender uma das verdades mais importantes para o sucesso: você não precisa ser bom para começar uma coisa. Pelo contrário, você precisa começar uma coisa para ser bom.

Então, é preciso abandonar aquela armadilha mental de acreditar que uma ou outra atividade dentro da sua jornada é difícil de fazer. Não existe nada difícil, na verdade. Existem coisas que nós não fazemos, não praticamos. E isso não é nenhuma prepotência. É apenas a constatação de que podemos aprender a fazer o que for necessário.

Existem coisas que você já fez várias vezes e elas se tornaram fáceis para você. E existem outras que você não fez ainda e por isso talvez o assustem. Porque as pessoas associam as coisas que nunca fizeram a coisas difíceis de serem feitas.

Porém, a mãe da excelência é a repetição. Tudo o que você faz bem-feito é porque já faz há muito tempo, porque já fez com esmero repetidas vezes. Então, todo mundo pode ficar bom em qualquer coisa que se proponha a fazer com qualidade e pelo tempo necessário.

É claro que existem personalidades específicas e características singulares de pessoas que fazem com que elas aprendam com mais facilidade, mais rápido. Mas todo mundo tem a real capacidade de se tornar 100% bom em qualquer atividade, em qualquer coisa, em qualquer lugar.

Não acredite que existem coisas eternamente difíceis. Existem sim coisas que você nunca fez, mas que ao começar e repetir a execução delas vão se tornar cada vez mais fáceis. Por isso, é claro, ao realizar uma atividade específica, no início, você terá que fazer um esforço maior, vai gastar mais energia, não terá tanta experiência para usar, nem tanta visão para perceber caminhos alternativos. Mas, a partir do momento em que você acredita que pode fazer e se dispõe a fazer, você chegará lá.

Ingestão contínua de combustível

Você precisa ser um eterno aluno, um eterno aprendiz. Precisa aceitar que não sabe tudo, que ainda não sabe muitas coisas importantes e que existem pessoas com quem você pode aprender o que lhe falta.

O maior sinal de inteligência é a capacidade e a coragem de dizer "não sei" sobre as coisas que estão fora do seu conhecimento. Porque quando dizemos, quando admitimos que não sabemos, abrimos uma porta para aprender mais.

Quando digo que não sei algo que você sabe, é o mesmo que convidá-lo a me ensinar. É um passaporte para que eu possa viajar para novos mundos de conhecimentos.

Fazer uma ingestão contínua de combustível é alimentar-se de conhecimentos todos os dias. Buscar bons vídeos, áudios, livros, bons conteúdos, boas pessoas que tenham a contribuir para o seu aprendizado. É muito importante agrupar ao seu redor pessoas que contribuam para o seu crescimento.

Também é muito importante acrescentar a disciplina ao aprendizado. Para continuar a evoluir sempre, é preciso ter disciplina para descobrir o que vale a pena aprender, para procurar onde obter esse conhecimento, absorver o aprendizado e aplicar o que aprender.

Apenas tome cuidado com o que chamo de obesidade mental, situação em que você absorve muito conteúdo, mas não coloca nada em prática. Há de se ter muito cuidado, porque há gente com a preocupação de aprender, mas que não têm o cuidado de sincronizar esse conteúdo com sua aplicação no dia a dia.

Para mim, a expressão "ter disciplina" significa 'ser discípulo de si mesmo', ou ainda 'ser escravo de bons hábitos'. Então, para ter um aprendizado constante e crescente é preciso ter disciplina. Deve-se cultivar bons hábitos de aprendizado e de busca de novos conhecimentos.

E o sucesso vem a partir do cultivo de bons hábitos, assim como o fracasso decorre da manutenção de péssimos hábitos. E é sempre você quem decide o que vai querer.

Conta-se que um velho criador de animais tinha dois cães muito ferozes. Um deles se chamava Bons Hábitos e o outro Maus Hábitos. Os dois cães viviam brigando entre si. Quando um homem perguntou ao criador de animais qual dos dois cães ganhava a luta, ele respondeu simplesmente: ganha aquele que eu alimentar naquele dia.

A única maneira de perder um hábito ruim é colocar outro bom no lugar. Não há outra forma. Só existe a substituição de hábitos. Se você tem o hábito de acordar tarde, a única maneira de acabar com ele é adquirindo o hábito de acordar cedo.

UM DOS GRANDES SEGREDOS DO SUCESSO É TORNAR-SE MELHOR A CADA DIA, UM DIA APÓS O OUTRO, PRATICANDO AQUILO QUE VOCÊ QUER DESENVOLVER.

O aprendizado constante é um hábito fundamental para o sucesso. Então, seja discípulo de si mesmo cultivando ótimos hábitos de aprendizado.

Agora, existe um detalhe que quero reforçar aqui, para que você se lembre sempre: conhecimento sem ação é igual a zero. Por isso, outro hábito fundamental que você deve desenvolver é o que eu chamo de **execução atômica**. Você deve pôr em prática o que aprender para gerar resultados.

Você deve conhecer alguém que fez mestrado, doutorado e tantos outros cursos, mas não conseguiu um resultado condizente com o conhecimento que tem. Por que isso acontece? Geralmente, porque a pessoa não põe em prática o que aprendeu. Não usa seus conhecimentos para executar melhor um plano de ação.

Dentro do caiaque da vida, um lado do remo é o conhecimento e o outro lado é a ação. Se você rema apenas de um lado, o caiaque gira em torno de si e não vai a lugar algum.

Por isso, é necessário adquirir conhecimento, mas também é fundamental colocá-lo em prática. É preciso inserir o conhecimento nas suas atividades diárias, no processo de construção do seu sucesso, para obter os melhores resultados.

Lembre-se sempre: a execução é a mãe da transformação. Então, coloque seus novos conhecimentos, sua força e sua consistência na execução das ações que você planejou.

Pense um pouco agora e responda: Você tem buscado novos conhecimentos? Quanto você executa daquilo que aprendeu? Quanto você absorve e quanto transforma em ação? Pense bem sobre isso.

Se você é a pessoa mais esperta do seu grupo, mude de grupo

Se você é a pessoa mais esperta do seu grupo, mude de grupo! Essa é realmente uma estratégia vencedora. Se você não sente que está aprendendo com as pessoas com quem você anda, então alguma coisa está errada.

Claro que ser a pessoa de referência em um grupo, ensinar a todos e ser consultado a todo momento alimenta muito o nosso ego. Estar em uma roda de pessoas em que você é a pessoa que

O PIOR IGNORANTE É O FALSO SÁBIO.
O VERDADEIRO SÁBIO É
AQUELE QUE SABE QUE AINDA TEM
MUITO A APRENDER.

agrega, que faz, que traz conhecimento, vivência e experiência é incrível – e é necessário também. Mas não pode ser sempre assim. Porque em um ambiente desses você tem poucas chances de crescer e evoluir.

Quando você se sente a pessoa mais burra do grupo, é um grande convite à evolução.

Então, se você não está sentindo que tem gente que sabe mais do que você no seu ciclo de convivência, alguma coisa está mesmo errada e você precisa fazer algo para mudar isso.

É importante sempre buscar conhecimento, encontrar pessoas que possam contribuir para que você cresça. Um grande sinal de inteligência é procurar cercar-se de pessoas que podem elevar os seus conhecimentos. É preciso conviver com pessoas que constantemente acrescentem algo ao seu preparo para o sucesso.

Por isso afirmo e reforço que: se você é a pessoas mais esperta do seu grupo, mude de grupo. Porque, se você é a pessoa que sempre traz e não recebe algo em troca, significa que o ambiente pode estar limitando o seu crescimento.

O grande sentido da vida é a troca de conhecimentos. Eu ensino coisas que você não sabe, você conta coisas que eu não sei e crescemos juntos. Essa é a razão principal de uma convivência sadia e proveitosa para todos.

Imersão total

Outra atitude fundamental para o sucesso FODA é a pessoa se colocar num estado de imersão total naquilo que faz. É importante viver o seu negócio com intensidade e dedicação.

Não acredito nessa história de que temos uma vida pessoal e outra profissional. A gente tem uma vida composta de várias partes, que se fundem e completam o sentido uma da outra. Por isso é muito importante que você aprenda a recarregar suas baterias enquanto pratica as suas atividades profissionais. Quando você está construindo seu negócio, fazendo aquilo que ama, é importante que você gere toda a energia de que precisa para tirar o máximo de suas atividades.

O SUCESSO VEM A PARTIR DO CULTIVO DE BONS HÁBITOS, ASSIM COMO O FRACASSO DECORRE DA MANUTENÇÃO DE PÉSSIMOS HÁBITOS.

Quando faz algo que está relacionado à sua essência, você se recarrega nessa atividade. Já quando faz algo que não traz muito sentido na sua vida, você tem que despender energia para executar aquela atividade. E isso não permite que você entre em imersão total.

Não existe sucesso do dia para a noite. É necessário viver o seu negócio com intensidade e fazer o que é preciso. É fundamental mergulhar naquilo que você está fazendo.

É importante entender que você precisa viver em uma espécie de bolha, quando se dedica ao seu negócio, ou seja, em imersão total. Você não pode permitir que alguém tire o seu foco. Precisa estar mergulhado naquilo que faz e seguro daquilo que decide.

Crie um ambiente vencedor e mergulhe nele enquanto trabalha no seu negócio. A imersão total vai fazer com que o ambiente em que você esteja seja mais próspero. E quando está na imersão total, você não é afetado por fatores externos.

Imagine que você está mergulhado na água de uma piscina. Pode estar chovendo lá fora, pode haver uma baderna enorme, mas você não ouve nada. Pode cair o mundo que você não escuta nada. Ali, mergulhado, você tem um ambiente calmo e tranquilo.

Não deixe que o ambiente externo influencie em suas decisões. A maioria das pessoas são facilmente influenciáveis e, por isso, não terminam nada. São pessoas que começam muito e terminam pouco, porque dão ouvidos a todos e deixam que críticas e opiniões alheias as afetem.

Quem está em imersão não se importa com as condições que existem e trabalha até terminar aquilo que se propôs a fazer. A imersão total é uma força poderosíssima, que vale muito a pena você desenvolver.

4. Compromisso e valores

É impossível ter sucesso sem estar comprometido com o que você quer realizar. E nada do que quer conquistar fará sentido, se para obter essas conquistas, você tiver de passar por cima de

VOCÊ NÃO É PAGO PELO QUE VOCÊ SABE.
VOCÊ É PAGO PELO QUE VOCÊ FAZ COM
AQUILO QUE SABE.

seus valores. Por isso, compromissos e valores são dois itens fundamentais para que o seu sucesso como empreendedor seja mais completo. Então, vamos falar um pouco sobre ser comprometido e respeitar os valores básicos que nos sustentam.

Quero começar contando uma passagem muito difícil da minha vida, para alertá-lo de que você só terá um sucesso completo se respeitar seus valores e valorizar as pessoas que caminham ao seu lado.

Em agosto de 2014, minha carreira estava numa ascensão alucinante, crescendo muito, e eu fiz uma viagem com minha equipe e amigos de trabalho, uma viagem comemorativa para celebrar nossos resultados, nossa *performance* e também o meu aniversário.

Meu pai estava comigo e ele insistia muito para que eu ligasse para minha mãe, porque ela queria falar comigo. Ele insistia porque minha mãe já havia ligado muitas vezes e eu não tinha retornado sua ligação. Eu sempre dizia para meu pai: "Não posso agora, não tenho tempo, agora não dá..." E, assim, as horas foram passando e nada de eu ligar.

No fim da noite, recebi uma ligação com a notícia de que minha mãe tinha tido um AVC isquêmico e estava com 70% de paralisia cerebral. Peguei um voo de volta para São Paulo e encontrei minha mãe hospitalizada, entre a vida e a morte. Os médicos estavam apenas esperando a família chegar para tomarem uma decisão sobre os próximos procedimentos, porque ela corria o risco de ficar em estado vegetativo, ou até de morrer.

Eu nunca tinha ficado um aniversário meu sem falar com a minha mãe. Mas a verdade é que eu tinha perdido um pouco do equilíbrio com as pessoas que amo. Eu tinha perdido a noção do valor de uma ligação, de falar bom-dia, de falar eu te amo. Tinha perdido isso ao longo de minha carreira e nem ao menos havia percebido.

Minha mãe ficou dois meses e meio no hospital, quinze dias em coma e um mês na UTI. Nessa ocasião, meu pai me ensinou a maior lição de companheirismo que eu poderia receber na vida. Durante todo o mês que minha mãe ficou na UTI, meu pai permaneceu na sala de espera do hospital – porque não era permitido que acompanhantes ficassem na UTI. Ele não voltou para casa. Dormia no carro, no estacionamento, tomava banho no hospital, e dizia que só voltaria para casa com ela.

Essa foi uma grande lição para mim. Porque é muito fácil ser parceiro quando tudo está bem, quando tudo está maravilhoso, com saúde e sem problemas. Mas quando não há nada favorável é que o companheirismo mostra seu valor. Meu pai mostrou, com sua atitude, o quanto amava minha mãe. Porque, para mim, amar verdadeiramente é colocar a necessidade de alguém à frente da sua.

Com o passar do tempo, minha mãe acabou tendo uma reversão impressionante no quadro de saúde, sem que ninguém pudesse explicar bem como isso aconteceu. O inchaço na cabeça começou a diminuir, ela saiu do coma e começamos a ter esperança da recuperação dela. Hoje, ela está com a gente, é uma pessoa muito feliz e recuperada. Ela não pode mais falar e tem a mobilidade bem reduzida, mas a gente se entende pelo olhar. Eu sinto saudade de ouvir a voz dela.

Contei essa história porque as três bússolas que norteiam a minha vida sempre foram Deus, minha mãe e minha carreira.

Minha mãe sempre foi e continua sendo minha psicóloga. Hoje, mesmo sem falar, ela continua me orientando pelo exemplo, pelo sorriso e pela atitude que tem. Pela maneira como ela encara todas as adversidades, pela sua opção de vida, por sua decisão de lutar sem perder o sorriso, por sua alegria e a vontade de viver. Ela sempre me mostra que os imprevistos não são o problema – o problema é não saber lidar com eles.

Ainda depois de toda essa luta, logo após o Natal de 2016, ela foi diagnosticada com câncer de mama, extremamente agressivo. Teve que passar por outra cirurgia, extrair as duas mamas e entrou em tratamentos de quimio e radioterapia. Mas eu tenho certeza de que ela vai tirar de letra, porque ela tem tudo para vencer mais essa luta. Porque ela sempre me mostrou que a única coisa que devemos ter quando não temos mais nada é a esperança. Quando você tem esperança, ainda tem tudo.

Eu sei que toda essa provação me tornou uma pessoa melhor e que esse foi meu grande aprendizado. Fiquei me questionando por muito tempo por que isso tinha acontecido comigo, e um dos sentimentos mais amargos da vida, eu posso dizer, é o arrependimento – e eu experimentei isso intensamente.

Hoje, entendi que isso aconteceu para eu poder contar para mais gente e alertar a todos sobre a importância de valorizar as pessoas e de não perder a chance de dizer a elas o quanto você as ama e o quanto se importa com elas.

Foi nessa época, em que tomei o maior baque da minha vida, que percebi que nenhum sucesso profissional justifica o insucesso na família ou na saúde. A doença da minha mãe veio para me colocar no eixo de novo e poder dizer às pessoas que não devemos sacrificar nossos valores em função do sucesso. Esse foi um dos maiores ensinamentos que eu extraí desse acontecimento.

Por isso quero repetir e enfatizar aqui: é impossível ter sucesso sem estar comprometido com o que você quer realizar. Mas nada do que quer conquistar fará sentido se para obter essas conquistas você tiver de passar por cima de seus valores.

Realizar grandes coisas

Quer realizar grandes coisas? Então foque no agora.

Existe uma frase clássica para quem empreende: "O impossível é dividido em várias partes possíveis". É muito importante pensar e se dedicar sempre às partes possíveis, diariamente, para que, no futuro, você possa tornar a realidade algo que a maioria das pessoas considera impossível.

Nossa mente é um computador extraordinário, mas se você não o dominar, não for senhor dos seus pensamentos, ela pode colocá-lo numa enrascada. Se você acreditar que algo é impossível e não fizer nada quanto a isso, será impossível mesmo.

Quando você pensa no resultado de algo que está fazendo, muitas vezes pode ser muito desafiador. Quando existe uma meta grande, muitas vezes vem aquela dúvida sobre ser ou não capaz de atingi-la. Você pode até se assustar com o seu objetivo, mas não pode jamais esquecer o seu objetivo maior, o seu sonho.

O que é importante entender é que toda meta que vale a pena parece mesmo impossível a um primeiro olhar. Mas é assim que a meta tem que ser. Ela precisa gerar um desconforto interno. Precisa exigir o seu melhor, deve ser extremamente significativa e compensadora para você. Deve soar como a libertação de algo que você sente que vem atrapalhando o seu sucesso.

Esse é um termômetro que eu uso. Há pessoas que estabelecem uma meta que não causa desconforto, que é tranquila de se atingir. Mas se não causa desconforto, ela não desafia a pessoa a usar sua capacidade máxima.

O segredo, portanto, é dividir a grande meta em metas menores, que você pode realizar diariamente. Estabeleça um objetivo diário que o tire do conforto e o faça agir. E a cada dia pense e trabalhe somente no objetivo daquele dia. Pense no que você tem para aquela etapa da sua jornada. Pense no agora. Foque e diga para si mesmo "é isso o que tenho para hoje". E trabalhe nessa meta parcial com toda a sua dedicação.

Você já pensou sobre o porquê de o homem ter inventado a escada? É porque ele tem consciência de que não dá para chegar ao topo diretamente, de uma só vez. Você deve vencer cada degrau, cada etapa, para chegar lá. E o salto que parecia impossível, torna-se possível degrau a degrau.

Então, concentre-se na próxima etapa. Fique extremamente focado na etapa que você deve executar hoje. Depois você vai para a próxima, e assim por diante. A sequência dessas várias etapas finalizadas levará você a cumprir o seu objetivo completo. O seu objetivo maior será atingido.

As metas de longo prazo são construídas pela soma das várias metas de curto e de médio prazos. Se você vai construir uma casa, pare por um tempo de pensar na casa como um todo e pense no próximo tijolo que você vai colocar. Às vezes, assentar um tijolo pode parecer algo muito simples, mas é algo importante para a construção do todo e você deve se dedicar integralmente a cada uma dessas pequenas etapas.

Trabalhe em cada etapa. E não pense no quanto falta para atingir a sua meta maior. Concentre-se na meta de hoje e faça o seu melhor. Pense em como você pode dar o seu máximo na tarefa que tem para hoje. Ocupe-se em subir um degrau por vez, da melhor forma que você puder, e pare de se preocupar com quantos degraus ainda faltam para escalar.

Faça isso um dia após o outro e tudo vai ficar muito mais simples. Lembre-se de que só vai existir um amanhã vitorioso, se você tratar muito bem tudo o que fizer hoje. O seu amanhã desejado só começa a virar realidade, quando você passa muito bem pelos desafios de cada dia.

Lembre-se: cultive todo dia o seu sonho. Cuidar de seu sonho é como cuidar de uma planta: se você não a regar com regularidade, ela morre. Um sonho exige cuidados constantes para se fortalecer e se realizar.

Tenha um grande objetivo, saiba por que você faz o que faz, tenha seu principal sonho bem delineado e, no trabalho cotidiano, concentre-se apenas no próximo degrau, na próxima meta, no próximo estágio, na próxima grande conquista de curto prazo.

Faça o seu melhor dia após dia, sempre se concentrando na tarefa daquele dia. E o seu sucesso maior estará garantido.

As escolhas que você faz

Pode parecer óbvio, mas a responsabilidade é peça fundamental para quem quer empreender com sucesso. Porém, mesmo assim, ainda tem muito empreendedor irresponsável.

Irresponsável é aquela pessoa que, mesmo sabendo o que é para ser feito, decide não fazer, ou seja, uma pessoa que sabe o que precisa fazer para evitar erros e fracassos, mas decide seguir em frente sem fazer nada.

Lembra-se de quando você era estudante e havia uma prova para ser feita? Você sabia que era preciso estudar. Era algo lógico e normal. Mas aquele seu amigo irresponsável sempre deixava de estudar, mesmo sabendo das prováveis consequências. Na hora do teste, lá estava ele, naquele desespero. Ele não havia feito nada do que sabia que deveria ter feito e o resultado foi um zero. Isso é irresponsabilidade.

O IMPOSSÍVEL É DIVIDIDO EM VÁRIAS
PARTES POSSÍVEIS.

Esse é um exemplo bem básico que todo mundo já enfrentou. Mas no mundo dos empreendedores há outros exemplos de pessoas que agem com irresponsabilidade.

Um bem conhecido no mundo do empreendedorismo é o daquelas pessoas que não tomam as decisões que são necessárias. Os processos ficam todos amarrados, dependendo dessas decisões. Ou então as consequências dessa falta de decisão se instalam de modo totalmente negativo e prejudicial aos negócios.

O que é preciso entender é que não tomar uma decisão necessária já é, por si só, uma decisão. Mas é uma decisão pautada na irresponsabilidade. Enquanto a pessoa tem a chance de direcionar algo por meio de sua decisão, ela decide por deixar a situação ao acaso. Isso é irresponsabilidade.

Você tem o poder de fazer escolhas na sua vida. Só que você é filho de todas as escolhas que fizer. O que você é hoje e onde chegou são frutos de todas as escolhas que fez até aqui. Se você não está satisfeito com o lugar onde você está, a responsabilidade é sua. É importante você ter consciência de que você tem culpa de tudo o que acontece na sua vida.

Quando você tem sucesso, a culpa é sua. Quando você fracassa, a culpa não é do universo, não é do vizinho, não é do governo, não é da economia que está ruim... a culpa é sua.

Essa é uma filosofia vencedora, se você a usar a seu favor. Se você acreditar nela e usá-la de modo construtivo, será muito mais fácil resolver todos os problemas que você tem, e ainda vai ajudar a evitar muitos outros.

Você tem o poder de fazer escolhas na sua vida. Use isso a seu favor.

Não é falta de habilidade, é falta de compromisso

A maioria das pessoas não falha por falta de habilidade, mas sim por falta de compromisso.

É impressionante como a falta de compromisso tem sido o calcanhar de Aquiles de grande parte dos empreendedores. Esse é o ponto fraco de muitas pessoas que buscam o sucesso e não

O COMPROMISSO É A ÚNICA PONTE QUE
LIGA A HABILIDADE AOS RESULTADOS.

o alcançam. É o ponto onde as pessoas se sentem mais frágeis e não possuem domínio suficiente para continuarem trabalhando no objetivo.

Muitos empreendedores promissores e com grandes possibilidades de sucesso falham nesse ponto. Já vi muitas pessoas habilidosas que não conseguiram transformar seu trabalho em resultados. Por quê? Porque não tinham o compromisso necessário.

No mundo dos esportes fica muito nítido que a habilidade sem compromisso não vale nada. Quantos exemplos a gente tem de pessoas extremamente habilidosas que acabaram com sua carreira por falta de compromisso?

Se você não tem compromisso, então não tem disciplina. E sem disciplina nunca transformará qualquer habilidade, seja em qual área for, em resultados.

Comece agora mesmo a colocar mais valor nos compromissos que você assume. E assuma mais compromissos de valor para o seu sucesso.

Comprometer-se com seus objetivos é como assinar um contrato mental consigo mesmo, em que você assume que não vai abrir mão de sua luta, da sua eficiência, não vai diminuir a intensidade de execução em nenhuma circunstância que seja.

Quando você assina esse contrato, tudo muda: se você está cansado, faz mesmo assim o que tem que ser feito. Se está com fome, ou sem forças, você faz do mesmo jeito. Está com preguiça, cansado, desanimado, preocupado? Ainda assim você faz o que é preciso. Você não está com paciência para trabalhar no seu projeto? Mas você, mesmo assim, vai lá e faz. Isso é compromisso.

Compromisso é ter justificativas plausíveis ou razões coerentes que impeçam você de fazer algo na sua busca pelo sucesso, mas, apesar disso, cumprir sua palavra. Já, para quem não tem compromisso, tudo são desculpas para não fazer o que é preciso.

Uma pessoa que não está comprometida, deixa de fazer algo importante em seu negócio até mesmo porque, por exemplo,

COLOQUE MAIS VALOR NOS COMPROMISSOS QUE VOCÊ ASSUME. E ASSUMA MAIS COMPROMISSOS DE VALOR PARA O SEU SUCESSO.

está chovendo. Quantas pessoas desistem de fazer alguma coisa quando chove? Pode ser qualquer coisa: um esporte, uma venda, uma prospecção, uma visita ao cliente... choveu, a pessoa desiste de sair para fazer o que é preciso.

A qualidade do tempo não pode determinar se você vai ou não sair de casa. No máximo, ela determina a sua vestimenta. Está chovendo? Pegue um guarda-chuva, uma capa, um casaco, e vá... mas continue com o seu compromisso.

Quando você tem um compromisso com seus sonhos e suas metas, o sucesso acontece. Então, assine esse contrato consigo, e não largue mão de sua luta.

Seja discípulo de si mesmo: case-se com a disciplina

Uma palavra comum, importante no empreendedorismo e na vida em geral, mas que poucas pessoas aplicam de verdade no dia a dia é a disciplina.

Disciplina é uma conduta vital para quem está empreendendo e fundamental na vida de quem tem um grande objetivo a ser atingido. Por isso, é bom ter muita clareza quanto ao significado e a importância dessa palavra, pois é ela que assegura o bem-estar pessoal e o bom funcionamento dos projetos.

A disciplina é a principal responsável pela criação dos hábitos saudáveis, necessários para a realização de todo e qualquer objetivo traçado. Com disciplina, você faz o que é preciso e se aproxima cada vez mais do sucesso.

Um grande amigo meu sempre diz a seguinte frase: "Quanto mais disciplina você tiver, mais liberdade você terá". Isso é muito interessante, pois a maioria das pessoas associa disciplina a algo sacrificante, que prende o indivíduo a certas condições. Mas acontece exatamente o contrário: ter disciplina liberta e permite que a pessoa viva com maior prazer.

A disciplina ajuda você a fazer o que precisa ser feito, pelo tempo necessário, sempre com a mesma consistência. Ela o ajuda a agir com resiliência e determinação. A disciplina faz você escravo de bons hábitos. Quanto mais escravo de bons hábitos você for, mais livre você será.

QUEM NÃO TEM COMPROMISSO
SEMPRE ARRUMA DESCULPAS.

Com disciplina, suas atitudes empreendedoras não serão temporárias. Porque é muito fácil agir dentro da sua atividade programada, quando as coisas estão dando certo. É muito fácil você ter rotina e ser regrado, quando as coisas estão indo bem e você está prosperando, quando está ganhando dinheiro, quando está saudável... Mas, somente com muita disciplina, você continuará agindo mesmo quando as coisas ficarem difíceis, os desafios parecerem grandes demais ou quando você começar a sentir que está cansado.

Mas o que é disciplina? Você já parou para pensar sobre isso? Eu gosto muito de dizer que ter disciplina é ser discípulo de si mesmo. Uma pessoa disciplinada é aquela que sabe estabelecer as próprias metas e faz o que é necessário para executá-las. Ela define e executa. É seu próprio mestre e seu próprio aprendiz ao mesmo tempo. Por isso é discípulo de si mesmo.

A pessoa disciplinada é aquela que, mesmo sem o olhar de ninguém, produz, faz o que é preciso. Sim, porque tem muita gente que não consegue desempenhar uma atividade e ter um alto rendimento, se não tiver alguém cobrando. Essa pessoa não tem disciplina para fazer as coisas sozinho.

O empreendedor, ao longo de sua carreira, vai ter muitos momentos de solidão, em que é ele com ele mesmo, ali naquela determinada situação, naquele momento. Então ele tem que ter disciplina para seguir fazendo o que é preciso, sem ter alguém cobrando.

Tony Robbins (1960), palestrante motivacional norte-americano, diz o seguinte: "Você sempre será reconhecido em público pelo que fez sozinho durante anos".

Pense um pouco: como é a sua *performance* quando você está só, quando não tem ninguém olhando o que está fazendo? Você produz muito, ou o seu rendimento cai? Como é o seu dia a dia nesse sentido?

Existem pessoas que, quando estão em um grupo, têm uma *performance* altíssima, porque as outras pessoas as estimulam, cobram, existe certa competitividade. Mas quando estão sozinhas, elas não conseguem render, não conseguem desempenhar tão bem suas funções.

QUANTO MAIS DISCIPLINA VOCÊ TIVER
MAIS LIBERDADE VOCÊ TERÁ.

Então, agora é um bom momento para você refletir: como está a sua *performance* quando você está sozinho consigo mesmo? Se uma câmera filmasse você no dia a dia, depois de assistir a esse vídeo, que nota você daria para a sua disciplina, para o seu desempenho em suas atividades diárias?

É importante perceber que a falta de resultados não quer dizer necessariamente que a pessoa não se empenha o suficiente em seus negócios. Pode ser um sinal de que ela apenas não é disciplinada o suficiente para fazer os resultados acontecerem.

Mas é muito importante que na nossa trajetória possamos perceber a diferença entre não fazer nada de errado e não estar fazendo o suficiente do certo. Porque tem gente sem nenhum resultado significativo, não porque está fazendo alguma coisa errada, mas simplesmente porque ainda não fez o bastante do certo. E isso é muito diferente.

Quando a pessoa não faz nada de errado, mas não teve resultado ainda, é como se ela estivesse cavando para encontrar um tesouro. Ela está cavando no lugar certo, porém o buraco ainda não está fundo o suficiente. Ela ainda não cavou o bastante.

Por isso mesmo, se você tem convicção do que está fazendo, se está alinhado com o seu projeto de sucesso, se faz avaliações constantes, se tem uma mentoria significativa com as informações corretas, então você está fazendo a coisa certa. Mas se você ainda não tem o resultado que busca, então o segredo aqui é: continue. Siga em frente e não se frustre. O seu sucesso é só uma questão de tempo e persistência.

A disciplina precisa estar presente tanto nos momentos bons quanto naquelas fases desafiadoras. Ela precisa ser constante na vida do empreendedor, sua consistência deve ser sempre a mesma. Seria até mais correto dizer que a disciplina precisa ser mais forte principalmente nos momentos em que a pessoa duvida que vai ter sucesso. Para a pessoa disciplinada, não importa a fase que ela está vivendo – próspera ou desafiadora, de resultados ou de luta intensa –, o desempenho de suas ações deve ser sempre o mesmo.

Como empreendedor, você fará muitas coisas na sua vida pelas quais não será pago. Para depois, quando seus negócios

TER DISCIPLINA É SER DISCÍPULO
DE SI MESMO.

estiverem bem construídos, você ser pago por muitas coisas que não fará mais. Esse é o princípio da **renda residual**. Isso é fundamental para você perceber que o sacrifício de agora valerá a pena. Lembre-se: sacrifícios provisórios, recompensas permanentes.

Pessoas disciplinadas têm hábitos bem formados. Bons hábitos são construídos a partir de uma rotina bem estruturada e bem orientada, que só é possível com disciplina. É importante entender que, se não houver uma rotina disciplinada, não haverá bons hábitos e transformação positiva que leva ao sucesso. Por isso, tenha em mente esta frase: "Ter rotina pode ser chato, mas não ter rotina mata os seus sonhos".

É claro que agora você já tem consciência de quanto a disciplina é fundamental. Porém, resta ainda uma questão importante a ser respondida: Como saber se eu sou uma pessoa disciplinada?

Para responder a esta questão, é necessário você analisar como é a sua consistência em relação às atividades no seu dia a dia. Você faz aquilo que deve fazer somente de vez em quando, em momentos que lhe convêm? Ou faz o que é preciso com regularidade – nos momentos propícios e também nas situações de maior dificuldade – e pelo tempo que é necessário? Como é a sua constância nas atividades que levarão você ao sucesso?

É muito importante que você crie hábitos a partir de uma disciplina forte e consciente. Seja escravo de bons hábitos e você vai gerar as transformações necessárias, não só na sua jornada empreendedora, mas também em todo o ambiente à sua volta.

Lembre-se: a disciplina transforma. E quanto mais disciplina você tiver, mais liberdade você terá. Porque a disciplina traz recompensas extremamente valiosas, para todo mundo que é fiel a ela.

Então, case com a disciplina, respeite-a, ame-a e conviva com ela diariamente. Os filhos desse casamento serão seus grandes resultados e a realização dos seus melhores sonhos.

PELO PRINCÍPIO DA RENDA RESIDUAL,
SACRIFÍCIOS PROVISÓRIOS LEVAM
A RECOMPENSAS PERMANENTES.

Você não precisa ser grandioso para fazer grandes coisas

Você não precisa ser grandioso para fazer grandes coisas. Apenas é necessário dedicar-se com intensidade e paixão ao que faz.

Muita gente acredita que somente pessoas de sucesso fazem coisas extraordinárias. Mas essa ordem está trocada. Na verdade, pessoas de sucesso venceram porque se dedicaram muito àquilo que as levou ao sucesso.

Existe uma ideia muito forte que você precisa ter em sua mente: não existe essa história de achar que o sucesso é só para os escolhidos. É o contrário: o sucesso é para quem o escolhe.

Fuja da ideia de que sucesso é um golpe de sorte. A sua sorte é você quem cria. A sorte não acontece, ela é criada. Você cria a atmosfera, o ambiente e as condições para que a sorte aconteça.

Tenha foco no que você planejou e siga o seu caminho para o sucesso. Lembre-se de que você não precisa ser grandioso para fazer grandes coisas. Apenas precisa se dedicar intensamente ao que faz. Então, mergulhe fundo no que você faz e o seu caminho será de grandes realizações.

Qual o valor do seu motivo?

Se você não sabe o valor do motivo pelo qual está lutando, vai vendê-lo por qualquer preço. Vai abrir mão desse motivo diante de qualquer dificuldade. Por isso é tão importante, todos os dias, você se lembrar do valor do seu sonho, da sua meta e da sua missão.

Tem gente que abre mão do seu objetivo por uma ilusão de segurança, por comodismo, por um estado que parece ser mais confortável, para não ter julgamentos alheios, para receber menos críticas, enfrentar menos medo e viver com menos ansiedade. Porém, guarde na sua memória: quem não luta por alguma coisa, paralisa por qualquer coisa.

A gente larga algo quando o motivo de largar se torna mais forte do que o motivo de continuar segurando. Por isso, tenha um motivo muito forte para continuar na busca da realização de seus sonhos e objetivos.

Então, pergunte a si mesmo: quanto é vital aquilo que eu quero? O que você busca deve ser como o ar que respira. Quanto

O SUCESSO NÃO É SÓ PARA OS
ESCOLHIDOS. O SUCESSO É PARA QUEM
O ESCOLHE.

mais você tem noção do valor daquilo que quer, mais seguro você se torna e não abre mão dos seus objetivos a qualquer preço.

Quando consegue ver a verdadeira dimensão do que você quer e perceber em sua mente um valor definido – e grandioso – para aquilo que faz, o seu trajeto se torna mais seguro. Não que os acontecimentos deixem de ser desafiadores, porque problemas surgirão sim no seu caminho, mas quando você tem noção do valor do que quer, não desiste diante das dificuldades.

Para quem está empreendendo e tem noção do valor dos seus motivos, receber um não significa muito pouco; uma rejeição não significa nada, uma crítica negativa tem ainda menos valor.

Quando você sabe o valor do que quer e o quanto isso é importante na sua vida, então não o perderá por qualquer razão de menor valor. Se o seu motivo tem um valor suficientemente grande, todo o resto não tem valor algum para você. Se o seu motivo vale milhões, todos os desafios e o preço a pagar se tornam troco de padaria para você.

Então, quanto vale o seu sonho? Você tem noção disso? Coloque isso no papel agora. Deixe claro para si por que está lutando e qual valor isso tem na sua vida.

Quando você estiver em condições de dizer "o meu sonho não tem preço", então terá como objetivo um valor gigante e não abrirá mão dele por nada deste mundo.

A cada fracasso, um degrau a menos que falta para o sucesso
Cada fracasso é como se fosse um degrau a menos da escada do sucesso. Por isso, permita-se errar, tentar, cair, arriscar-se, experimentar...

Muita gente encara o fracasso como algo ruim. É claro que ninguém gosta de falhar, errar, ter de começar de novo. Ninguém gosta de ter que dar um passo para trás. Porque, sem dúvida, quando fracassa, a pessoa perde aquilo em que estava trabalhando e deve começar de novo, de um jeito diferente. E isso dá uma sensação de perda de tempo e de energia – mas é apenas uma sensação, porque na verdade não existe uma perda total no fracasso. O fracasso é só um ponto de passagem e de aprendizado.

Ninguém aprende muito, quando está crescendo rapidamente com tudo a seu favor. Quando alguém está crescendo, é muito mais difícil essa pessoa ouvir conselhos, orientações e críticas construtivas. É quase impossível que ela preste atenção ao que lhe dizem. Quando está tudo dando certo, as pessoas, em geral, se consideram boas o suficiente, de modo que tendem a ignorar os sinais de alerta da vida ao longo do seu trajeto.

Por isso é que alguns fracassos são tão importantes e necessários. A função do fracasso é ensinar – e também treinar a humildade da pessoa, para que esteja aberta para novos aprendizados. É nas adversidades que a pessoa mais cresce.

Então, a partir de agora, passe a encarar o fracasso de maneira mais leve. Perceba que os erros são normais e necessários e que falhar em algo que você tinha certeza de que iria conseguir, mas não conseguiu, também faz parte do seu caminho.

Existe uma atitude presente na vida de todos os campeões, seja de que área for: planeje, faça, revise; se não der certo, revise e faça de novo. Planeje, faça, revise. Até dar certo. Simples assim.

Quero deixar com você uma frase que já se tornou um clichê no mundo dos empreendedores, porque é cheia de verdade: "Não existem pessoas que não tiveram sucesso. Existem pessoas que desistiram no meio do caminho".

Persista, supere os fracassos temporários, aprenda com cada erro e também com os acertos. Siga em frente e você chegará lá!

Persistência ou teimosia?

Qual é a diferença entre **persistência** e **teimosia**? A persistência é você insistir em algo em que acredita, mas fazendo a coisa certa. A teimosia é insistência em fazer algo do seu jeito, mesmo que esteja errado. São dois caminhos bem distintos. Um leva ao sucesso e o outro tem grande chance de levar ao fracasso.

Por isso, é importante estar sempre assessorado por uma pessoa que já está no lugar onde você deseja ir. Se você é um empreendedor, é vital ter um mentor.

Um bom mentor no empreendedorismo é como uma bússola que indica o Norte e mostra o caminho certo. Um mentor ajudará você a ser persistente, isto é, insistir em fazer a coisa certa, acreditando no que faz e tendo a informação correta do que é necessário para chegar lá. O mentor também vai estimular você a insistir no caminho certo pelo tempo necessário para ter sucesso.

Uma pessoa teimosa é aquela que decide fazer tudo do seu próprio jeito. Ela não decide, necessariamente, fazer do jeito certo, ou do modo errado, mas sim do jeito que acha que deve fazer. E esse "achismo" pode ser a sua perdição.

O teimoso não ouve ninguém, não se deixa ensinar, não tem humildade para aprender, não sente a necessidade de perguntar como é que se faz. Ele simplesmente faz o que acha que deve ser feito. Simplesmente faz do jeito que ele mesmo acha que deve fazer – esteja certo ou esteja errado.

Em resumo, podemos dizer com toda a certeza: a persistência é uma virtude e a teimosia é a praga no empreendedorismo. A persistência é um dos maiores amigos da vitória e a teimosia é o principal colega da derrota.

A teimosia é muito perigosa, porque leva o empreendedor a insistir no caminho errado por muito tempo. Então, além de fracassar, ele leva tempo demais até perceber que está na rota errada. E ele acaba tendo duas grandes perdas: a perda do seu objetivo – que não será alcançado – e a perda do tempo.

Você quer ter sucesso? Então, deixe-se ser guiado. Busque pessoas de sucesso, pessoas FODA, e ouça o que elas têm a dizer. Seja humilde o suficiente para seguir uma bússola que aponta para a direção certa.

Lembre-se: não persista no caminho errado. Persistir é uma grande virtude quando você trabalha no seu melhor. Mas persistir naquilo que lhe traz infelicidade é uma grande idiotice.

Se você tem prazer naquilo que faz, a persistência é uma grande arma e será fundamental para o seu sucesso. Com persistência, você fará o seu melhor até que as coisas aconteçam da forma como você planejou.

Se você tem conhecimento, é dedicado e focado, e mesmo assim não tem resultado, alguma coisa está bloqueando a sua

PERSISTÊNCIA É DIFERENTE DE TEIMOSIA. O PERSISTENTE SE MANTÉM FIRME E SE APRIMORA, O TEIMOSO FAZ AS COISAS APENAS DO SEU JEITO, NÃO ADMITINDO QUE POSSA ESTAR ERRADO.

caminhada. Talvez você esteja insistindo nas coisas erradas. Talvez você esteja sendo teimoso. Pense um pouco sobre isso.

É muito importante que aprendamos a desistir daquilo que nos faz mal. Deixe para trás aquilo que não leva você para frente. É muito importante ter a sabedoria de desistir: de uma amizade que leva para baixo, de gente que rouba a sua energia, de algo que lhe faz mal.

Então, quando você tem a habilidade de usar a palavra "chega" para algumas coisas, isso é libertador. Quando você aprende a desistir do que não merece permanecer em sua vida, essa é uma desistência vitoriosa.

Se necessário, mude a sua maneira de pensar, liberte-se, corte logo essas amarras que o prendem a uma maneira enganosa de trabalhar e agir. Mude de uma possível teimosia para uma autêntica persistência. E a sua jornada será vencida com uma aceleração muito maior.

Guarde bem isto: seja persistente, mas não seja teimoso.

Nosso maior ativo

O ativo é um bem adquirido que gera retorno financeiro. São os bens e direitos que a empresa, ou o empreendedor, tem num determinado momento.

Ampliando um pouco mais esse conceito, vamos pensar em ativos não só para os nossos empreendimentos, mas também em nossa vida como um todo. Nesse enfoque, quais são os maiores ativos na nossa vida?

Por mais incrível que possa parecer, nesse caso, nossos maiores ativos não são medidos em termos de dinheiro, imóveis, carros, negócios de sucesso. Nossos maiores ativos são as pessoas que nos incentivam, que nos motivam, que nos fazem acreditar sempre mais e melhor em nós mesmos.

Uma das grandes responsáveis por minhas vitórias e por tudo de bom que tem acontecido em minha vida é a minha mãe. Ela nunca me ensinou nada sobre negócios, vendas, ou relacionamentos, mas ela implantou algo de muito positivo em minha mente. Mesmo sem saber, ela me ensinou algo muito importante.

Desde que eu me entendo por gente, minha mãe sempre me disse que eu sou uma pessoa iluminada. Que eu sou especial, que tenho uma luz diferenciada e uma boa estrela. Ela sempre me disse que eu vim fazer algo muito grande nesta vida. Ela sempre disse que tudo em que eu colocasse a mão daria certo. Eu achava aquilo muito doido, porque toda mãe chama o filho de bonitinho, de gracinha etc. Mas, para minha mãe, eu era um iluminado.

No começo, eu achava muito estranho. Mas comecei a acreditar nisso e passei a achar que eu era um tipo de super-herói. Isso me deu um poder absurdo de realização. O poder de resiliência, o poder de aguentar as contrariedades, de ser firme, de seguir em frente independentemente de quais obstáculos e adversidades fossem colocadas no meu caminho.

Depois de um bom tempo trabalhando com pessoas, entendi o ensinamento que minha mãe me passou e que virou uma filosofia de vida para mim – e que procuro passar para todo mundo. Muitas vezes, você deve acreditar em quem acredita em você, para depois de um tempo passar a acreditar em você mesmo, por conta própria. Eu acreditei na minha mãe no começo da minha vida, até desenvolver o hábito de acreditar em mim mesmo. Então, hoje compreendo que minha mãe plantou a semente da vitória em minha mente, construindo em mim a crença no mérito e na capacidade de realização.

Por isso, eu digo hoje que o nosso maior ativo são as pessoas que estão ao nosso lado. Será que dá para calcular o valor de todas essas sementes de sucesso que minha mãe, talvez até mesmo sem ter consciência, plantou em minha mente?

São essas pessoas que fazem com que tenhamos a melhor *performance*, um rendimento maior e nos ajudam a fazer coisas que muitas vezes nem nós mesmos acreditávamos ser capazes. De tanto essas pessoas dizerem e insistirem que podemos realizar, que vamos conseguir, começamos a acreditar em nós mesmos e passamos a fazer mais e melhor tudo o que é necessário para chegarmos ao ponto que pretendemos alcançar.

Percebe o tamanho desse ativo? A força que você ganha quando alguém lhe diz "eu acredito em você" é algo que não tem preço.

Mais importante ainda são aquelas pessoas que acreditam em nosso sucesso, mesmo naquela época em que ainda não temos resultados. Porque é muito fácil alguém dizer "eu acredito em você", quando a gente já tem resultado, quando as coisas já estão acontecendo em nossa vida. Mas aquelas pessoas que nos apoiam, que acreditam em nós, que estão juntas, incentivando-nos, quando as coisas não estão acontecendo ainda, quando os resultados ainda não existem, quando estamos apenas começando, essas sim são realmente pessoas especiais. São um ativo de imenso valor na nossa vida.

Às vezes, parece que o mundo está contra você, mas essas pessoas estão ali incentivando e apoiando, extraindo o melhor de você e ajudando-o a fazer coisas que nem você mesmo acreditou que seria capaz. Esse é o nosso maior ativo. Aquele que vai gerar todos os outros ativos gigantes e poderosos na nossa vida.

Nessa linha de raciocínio, é muito importante que você escolha muito bem o seu parceiro ou parceira, esposo ou esposa, namorado ou namorada etc. Ou, se você já tiver uma relação construída, procurar entrar em um acordo profundo e sincero com o seu companheiro ou companheira sobre o negócio que você está empreendendo – de preferência, transforme-o em um negócio em que "vocês" estão empreendendo, isto é, deixe que o outro faça parte dos seus planos de negócios.

Digo isso porque acredito demais que seu parceiro pode assumir um de dois papéis possíveis na sua jornada de empreendedor: ele pode ser uma âncora ou um balão: ou ele vai afundar você ou vai ajudar você a voar bem alto. Não há meio termo. Um parceiro soma ou subtrai. Não há aquele não faz diferença, que não apita nada. É sim ou não. Ou ajuda ou atrapalha. É como se o parceiro fosse uma raiz: existe o que alimenta, mas há o que prende você à terra.

Quanta gente tem um potencial enorme, mas o parceiro não está alinhado em propósito, em visão, em valores, em metas, e acaba disputando com o outro, atrapalhando o andamento do seu empreendimento?

É importante que ambos percebam que, quando decidiram se casar, ou viverem juntos, vocês passaram a estar no mesmo barco. Então, se o barco afundar, ou se o barco seguir para um passeio maravilhoso, nos dois casos, ambos serão afetados.

O maior segredo do sucesso de casais, de parceiros que vivem juntos, tanto na vida pessoal quanto nos negócios, é a comunicação. Amor e respeito são fundamentais, são pontos de base do relacionamento, mas o maior sucesso de um casamento é a comunicação. Quando você investe no "nós", o seu "eu" é recompensado.

A comunicação é o ponto de apoio vital entre os parceiros. É preciso sempre estar claro para ambos por que vocês escolheram determinado caminho; é preciso compartilhar metas, sonhos, propósitos, entender quais são os medos de um e do outro, respeitar um ao outro, compartilhar visões de futuro, descobrir e valorizar o que é importante para cada um e para os dois juntos.

Um parceiro só vai apoiar fortemente o outro, em todos os planos, quando ele se vir como parte deles. Quando o seu parceiro não se vê como parte de seus planos, não vai apoiá-lo.

Acredite: eu já vi gente muito boa que acabou se perdendo no caminho, porque teve de escolher entre o parceiro e o sonho. Na verdade, é fundamental entender que os dois – a felicidade com o parceiro e a realização dos sonhos – têm que ser uma coisa só, ter um propósito único a ser buscado ao mesmo tempo.

Minha vida e minha carreira não seriam nada do que são hoje, se não fosse por conta da minha esposa, Fabiana. Ela sempre esteve ao meu lado, desde o início, em qualquer situação. Porque é muito fácil apoiar alguém que está dando certo. Mas o apoio só se mostra verdadeiro mesmo, quando o resultado ainda não chegou.

A Fabiana sempre foi o meu apoio. No dia em que eu chegava para baixo, ela reforçava o quanto acreditava em mim e dizia que sabia que eu conseguiria. E a gente seguia assim, sempre apoiando um ao outro. Eu acredito fortemente que um casal é como se fosse dois anjos, só que cada um com uma asa só. E para os dois voarem, um tem que estar fortemente ligado ao outro.

O sonho da Fabiana era casar na praia. E a gente casou no Havaí. Desde quando nos conhecemos, nós colocamos metas e fomos buscá-las juntos.

Eu sempre deixo muito claro para minha família que tudo o que faço é por nós. Então eles se veem parte dos meus planos e me apoiam ainda mais. O grande segredo da felicidade a dois é a comunicação. É isso que fez o meu casamento ser uma grande fortaleza para os meus sonhos, valores, princípios, propósitos, porque a gente está sempre muito bem alinhado. E, é claro, amor e respeito são fundamentais. São o ponto de partida.

Hoje nós temos dois filhos: Bella e Theo são os nossos mais novos motivos para termos sucesso na vida.

Quando a Bella e o Theo nasceram, foi incrível. Foi como se nós testemunhássemos a extensão do amor de Deus sobre nós. Foi maravilhoso. Quando tivemos nossos filhos, aprendemos uma coisa maravilhosa: amor é você colocar as necessidades de alguém à frente das suas.

Antes de ter filhos, você é o Sol do seu sistema. Tudo gira a sua volta. Quando chega um filho, você vira um planeta e o Sol passa a ser o seu filho. Você passa a girar em torno dele. Tudo o que você faz é em prol desse ser humano, e o seu coração bate no peito dele. A paternidade transformou a minha maneira de ver o mundo, a maneira de ver o amor.

A paternidade me ensinou uma coisa muito poderosa: quando você faz algo por alguém, faz com muito mais força. Existem muitas coisas na vida que não fazemos porque é para nós mesmos, e é muito fácil abrir mão das coisas, quando é assim. Mas ficamos extremamente comprometidos, quando fazemos pelo outro. E quando esse outro é a pessoa que você mais ama no mundo, então a razão para você levar a sério e cumprir esse compromisso fica inabalável.

Portanto, cuide muito bem dos seus maiores ativos. Cuide bem das amizades sadias, dos relacionamentos saudáveis, das pessoas que o incentivam, das pessoas que você ama. Invista

AMOR É VOCÊ COLOCAR
AS NECESSIDADES DE ALGUÉM À
FRENTE DAS SUAS.

mais tempo de qualidade com elas. Passe mais tempo ao lado dessas pessoas. E você vai perceber que sua performance se elevará a uma altitude extraordinária.

Não coloque um prazo

As pessoas mais bem-sucedidas não têm prazo de validade para exercer alguma coisa. Isso é algo que um grande amigo meu me disse, e que descobri ser uma verdade absoluta.

Se você puser prazo de validade para fazer alguma coisa, a probabilidade de você estar vencido é gigantesca. Porque uma coisa é você ter metas de curto, médio e longo prazos, em que avaliará sua rota e corrigirá possíveis desvios – toda rota exige ajustes, e isto é fundamental. Mas outra coisa completamente diferente é quando você tem aquele pensamento: "Vou fazer isso por seis meses, mas se não der eu paro". Ao colocar um prazo de validade para o seu projeto, você começa errado. O prazo vence e você desiste.

Quando você coloca um prazo de validade, o primeiro princípio que você fere é a sua crença. Se você diz que vai fazer por xis meses para ver no que dá, é o mesmo que você acreditar que não vai dar certo. E a sua crença gera as condições para não dar certo. Ela, sendo negativa, não ajuda você a ter persistência, coragem e fé para enfrentar as adversidades, quando elas chegam.

A demora significa que você excedeu o tempo que determinou para atingir certo estágio. Mas, muitas vezes, esse atraso tem uma razão justa. Por exemplo, você precisou contornar ou resolver certa situação que o colocava contra os valores em que acreditava. E não é vergonha alguma atrasar a sua vitória nesse caso. Vergonha seria vencer rápido demais, profanando os seus valores.

Então, não coloque um prazo de validade para os seus sonhos e os seus projetos. Antes, trace pontos de ajustes da sua rota. Isso é fundamental. Pense em termos de "depois de um ano, vou avaliar o que já fiz, o que já conquistei, o que deixei de fazer, o que poderei melhorar, o que coloquei em prática e o que faltou, onde foquei mais e onde faltou focar. A partir daí, vou fazer os ajustes necessários e seguir em frente".

QUEM TEM PRAZO DE VALIDADE PARA
FAZER ALGO GERALMENTE
APODRECE E SE TORNA VENCIDO.

Avaliar a rota e fazer ajustes é perfeito. Mas colocar prazo de validade em um sonho seu é começar da forma errada e é o caminho mais fácil para a desistência.

Saiba que fracasso não é oposto de sucesso

O fracasso nunca foi e nunca será o oposto do sucesso. O fracasso é apenas uma passagem, é uma etapa do sucesso.

Se você considera o fracasso o oposto do sucesso, com certeza nunca vai construir nada de significativo. Porque todo fracasso é apenas um degrau, um ponto de aferição da sua rota e dos seus instrumentos de navegação. O sucesso é 99% feito de fracassos.

Não existe uma única história vencedora de alguém que nunca caiu. Não existe uma única história significativa de alguém que nunca teve um tropeço, que não cometeu erros. Todos os vencedores erraram muito; porém, extraíram aprendizados desses infortúnios. Os fracassos fazem parte de uma história vencedora. É nos fracassos que estão os maiores ensinamentos.

Cair não é uma vergonha. Vergonha é cair e não fazer nada para se levantar. Quem vence sempre tem orgulho de falar de seus tropeços.

Então, considere o fracasso como algo momentâneo. E tenha algo claro em sua mente: o fracasso é um evento passageiro; já outra coisa completamente diferente é a aceitação do fracasso como definitivo – a isso chamamos de desistência.

Então, tire da sua mente a ideia de que o oposto de sucesso é fracasso. Fracasso faz parte da jornada, faz parte da luta, é parte importante do aprendizado. Ele é uma peça fundamental e sem ela não é possível termos o preparo necessário para vencer.

Eu admiro muito quem vence na vida logo nas primeiras tentativas, mas eu sou fã incondicional daqueles que caíram várias vezes, mas continuaram tentando até o dia de sua glória.

QUEM VENCE SEMPRE TEM ORGULHO
DE FALAR DE SEUS TROPEÇOS.

5. Controle emocional e detalhes

Os profissionais mais bem-sucedidos não são necessariamente aqueles que detêm o maior conhecimento técnico no seu segmento. É claro que é preciso ter *expertise* naquilo que se faz, é preciso domínio da sua área, mas também é fundamental ter um excelente gerenciamento de suas emoções. Porque a maioria das pessoas que desiste de alguma coisa faz isso por um detalhe emocional, que acaba roubando o seu futuro.

Altos e baixos é o nome do jogo

No mundo empreendedor, altos e baixos é o nome do jogo. Você terá momentos de glória, de colheita, momentos muito gratificantes, mas terá também momentos muito desafiadores. Enfim terá altos e baixos. Tudo, antes de melhorar, piora. Lembre-se de que a única coisa permanente na vida é a mudança. Saber lidar com isso é a regra que determina quem vai chegar ao sucesso e quem não vai.

O que eu quero dizer com isso? É bem simples: 80% do sucesso é emocional e 20% é mecânico. Isso significa que 80% vêm de como a gente lida com nossas emoções, lida com aquilo que nos acontece; 20% vêm da mecânica do seu negócio, vêm da mão na massa.

Por isso o gerenciamento de suas emoções é a estratégia mais importante para você ter sucesso em seu empreendimento. É preciso cultivar as emoções corretas para tirar o melhor resultado de tudo o que fizer.

Existem pessoas que só estão no estado positivo, quando tudo está dando certo. É muito fácil ser positivo, quando suas contas estão pagas, quando seu negócio está prosperando, tudo está dando certo, sua família está bem, sua saúde está em dia. É muito fácil ter fé nesse tipo de circunstância. Então não há grande mérito nisso nem grandes resultados.

O empreendedor que realiza algo extraordinário é aquele que consegue manter o foco, estabelecer a energia mental, manter a concentração e ter um ritmo e uma consistência de trabalho fortes, não importam os altos e baixos. Quando está em um momento próspero ele tem uma boa pegada e, quando os desafios aparecem, ele mantém essa mesma pegada, mantém-se atuando tão bem quanto nos dias de glória.

É muito importante ter consciência de que cada ano é composto de primavera, verão, outono e inverno. Se a pessoa só tem controle emocional no verão, quando está quente, quando está tudo maravilhoso, quando o céu está azul, ela nunca ficará na jornada pelo tempo necessário para colher os frutos do trabalho dela. Porque o inverno chega para todos e é preciso saber lidar com isso também.

Seu controle emocional tem que estar muito bem definido e ativo, levando em conta os altos e baixos da realidade do dia a dia. Não dá para você achar que só vai viver no verão. A maneira como você se prepara para o inverno é que determina se você sobreviverá ou não.

Quando você tem disciplina, foco, determinação, uma atitude de fazer o que é preciso, de trabalhar com humildade e consistência, o sucesso não vai oscilar na sua vida. Cuidar bem das suas emoções para que o seu empenho seja sempre o melhor, independentemente das condições que você tiver de enfrentar, é o caminho do sucesso.

É preciso ter preparo emocional para encarar as quatro estações do ano. Haverá momentos de expansão, de recessão, de colheitas, de trabalho, de lavrar a terra e de plantar. Tudo isso faz parte da jornada.

Um grande ensinamento que recebi do meu pai é que: "Tudo passa". Só que eu demorei para entender isso. Existem ensinamentos que demoramos para aprender. Por mais que alguém lhe diga, só a vida ensina. Às vezes, penso até que, em certos casos, o único professor real que temos é a vida, porque não acreditamos muito no que os outros dizem. Mas a vida é incontestável.

Em 2012, minha carreira começou a decolar e comecei a prosperar muito, a colher frutos absurdos. Foi a explosão da minha carreira. Hoje eu estou em um patamar muito mais elevado do que naquela época, mas lá foi o ponto de decolagem.

Um belo dia, meu pai veio falar comigo porque viu que eu estava colhendo muitos frutos, estava ganhando muito dinheiro, sendo muito reconhecido e tendo resultados incríveis. Então ele me disse: "Filho, estou vendo todo o seu sucesso, esse momento maravilhoso, e estou feliz com isso. Mas quero lhe dizer que você deve tomar cuidado. Porque, na vida, tudo passa. O momento ruim passa, mas o bom também passa".

Naquela hora, eu não quis acreditar nele. Eu não entendia que ele achava que eu poderia me decepcionar a qualquer hora e que isso me machucaria muito. Ele só estava querendo me proteger, mas eu não percebi.

É muito estranho, mas quando você começa a crescer muito rápido, fica cego e surdo. É muito difícil ouvir alguém, quando se está crescendo tanto. Meus resultados me deixaram dessa maneira naquele momento. Eu alcançava metas incríveis e meu pai dizendo que "tudo passa"... era difícil aceitar!

Mas eu tive um momento muito desafiador, ou seja, a profecia do "tudo passa" se concretizou. Eu tive um desafio pesado e precisei reunir todas as minhas forças e recursos para estabilizar meus negócios. E só depois de enfrentar esse desafio voltei a crescer novamente. Foram meses bem tensos. Porém, depois de um intenso desgaste, é claro, aquele momento difícil também passou, e hoje continuo crescendo. Mas ficou a lição: momento bom passa – chegou e passou. Momento não tão bom veio e também passou. Momento ruim chegou e passou. E veio o momento bom de novo... e assim eu sei que tudo vai continuar passando.

Entender e aceitar que tudo passa não serve para você começar a achar que os momentos de alegria são curtos. Não. O "tudo passa" serve para alertá-lo de que desafios virão. Por isso, quanto mais você se preparar no momento da colheita, menos sofrerá com a estiagem. Quanto mais você se prepara num momento de abundância, menor será o seu sofrimento ao surgirem desafios.

É preciso ter cuidado com o egocentrismo. É preciso saber que, mesmo na abundância, deve-se continuar construindo e produzindo. Não é possível dormir sobre os louros da vitória.

Hoje, a minha vida é o seguinte: quanto mais próspero é o meu momento, mais eu aprendo, mais me capacito, preparo-me, mais ouço, mais vejo no que posso melhorar. Porque sei que tudo passa. Então, quando o momento bom passar, o desafio não será tão pesado assim porque vou estar melhor preparado.

Gerenciamento de emoções

Por que digo que sempre é um detalhe emocional que põe tudo a perder? Porque mesmo quando temos um grande objetivo, muitas vezes, uma emoção escondida, disfarçada na nossa mente, influencia as nossas ações de modo negativo, de maneira que ela não cumpra com as necessidades que seu negócio exige para prosperar. E em grande parte dessas vezes, não nos damos conta de que isso está acontecendo.

Veja um exemplo simples, para entender bem o conceito de gerenciamento de emoções: uma pessoa ouve várias notícias de grandes personalidades que morreram em acidentes, quando estavam no auge do sucesso. Inconscientemente, ela passa a associar ter sucesso com morrer. Portanto, quando busca o sucesso em seu empreendimento, sem que ela perceba, o medo da morte é ativado em seu subconsciente. Quanto mais ela se aproxima do sucesso, mais o medo da morte aumenta. Resultado: a pessoa acaba sabotando o próprio sucesso. Se ela não conseguir administrar essa emoção, o sucesso nunca chegará.

Funciona assim também para outras emoções. Na maioria das vezes, a emoção que sabota o sucesso é algo bem simples, mas poderoso. Em relação ao que você quer realizar, a razão pela qual você pode abrir mão desse sonho será sempre um pequeno detalhe emocional, que não foi devidamente gerenciado.

Por isso, um dos principais mecanismos do sucesso é o gerenciamento de emoções.

Condições emocionais

Há uma lição do esporte que podemos usar no mundo empreendedor. No esporte fica muito claro até que ponto a condição emocional influencia nossa *performance*.

Repare numa final de campeonato, quando o jogador vai bater um pênalti. É impossível mensurar isso; mas, com certeza, muito mais do que a habilidade dele, do quanto ele treinou, da repetição de bater pênaltis, o que importa é a condição emocional com que ele chega para fazer a cobrança daquele lance.

Às vezes, o jogador já está escalado para bater um pênalti; mas, naquela hora, ele sente que seu emocional não está bem, ele chama o treinador e diz que é melhor colocar outro em seu lugar. Porque, tanto ele quanto o treinador sabem que, por mais que ele tenha treinado, se não administrar bem suas emoções, sua habilidade não será suficiente para fazer o gol.

É claro que não é só na emoção que se faz um gol. Precisa sim ter habilidade, ter prática, precisa ter técnica. Mas, com a emoção prejudicada, as chances de acerto diminuem muito.

Como você pode ver, no esporte fica bem claro até que ponto as emoções influenciam a sua *performance*. Então, vamos puxar esse gancho do esporte para o mundo empreendedor.

Você sabe o quanto suas emoções o dominam, o quanto tomam decisões em seu lugar nos momentos cruciais da sua jornada empreendedora?

Pense bem. Será que um dia em que era para você produzir muito, por causa das emoções que você não soube gerenciar, você parou de produzir ou fez muito menos do que poderia? Talvez uma frustração, um receio, uma agonia, uma vergonha, um medo o tenham congelado e você não tenha dado o seu melhor naquele dia.

Mesmo que você tenha a técnica e a habilidade necessárias, e saiba muito bem o que é para ser feito, será que há algum momento em que você decide não fazer coisa alguma, porque suas emoções tomaram conta de você?

É fato: temos emoções extraordinárias e poderosas, que podem nos levar ao topo da montanha, ou ao fundo do poço, dependendo da qualidade dessas emoções e do tanto que permitimos que elas tomem conta de nós. Por isso, se você quer ser um empreendedor de sucesso, nunca deixe suas emoções tomarem as decisões no seu lugar. Você deve estar no controle.

Então, preste atenção como você lida com suas emoções. Você as controla ou é controlado por elas? Você as usa a seu favor ou contra você mesmo e seus interesses?

Faça essa reflexão, porque isso será fundamental na sua jornada empreendedora. Olhe o dia de ontem, olhe a semana passada, veja o dia de amanhã. Comece a controlar suas emoções e perceba como seus dias serão muito mais produtivos. Use isso a seu favor.

Cuidado com a síndrome do "coitadinho de mim"

Essa é uma síndrome muito comum, que afeta milhões de brasileiros. Ela acontece, quando a pessoa começa a se fazer de vítima e tira de si o peso das suas responsabilidades, alegando que não se sente capaz de enfrentá-las. Aliás, quando age assim, a pessoa perde mesmo, completamente, o poder de reação frente a uma circunstância difícil.

A síndrome do "coitadinho de mim" diz que uma pessoa foge de uma situação difícil, passando a se fazer de vítima, para evitar se comprometer, para diminuir a sua responsabilidade sobre aquela circunstância e não se sentir culpada pelo que está acontecendo.

Quando a pessoa se faz de vítima por certo tempo, ela perde o poder de reação. Como consequência, não consegue efetivamente sair mais daquela situação sem ajuda externa. Porque, quando se faz de vítima, a pessoa paralisa.

Paralisar, na verdade, é jogar tempo fora, é deixar o tempo passar sem fazer nada de produtivo. E quem mata o tempo não é assassino. É suicida. Porque está matando o bem mais valioso que tem e não pode voltar atrás nessa ação.

Quando você se responsabiliza por uma situação, você chama para si o poder de mudar o que ocorreu. Quando você se coloca na posição de vítima, você se entrega aos caprichos daquela situação.

Elimine a síndrome do "coitadinho de mim" e você terá muito mais poder e clareza nas suas reações. Vai encontrar um caminho para reverter o que não está bem na sua vida, vai ter muito mais serenidade para tomar novas decisões e não vai recuar diante de novos problemas.

Quando você passar a perceber que está se fazendo de vítima, pare e pense: eu não sou vítima desta situação. Eu sou o personagem principal desta história e tenho como reverter o que está acontecendo. Eu posso estar numa situação adversa, mas tenho certeza de que posso e vou sair dessa.

Assuma o poder de transformação da sua vida e acabe de vez com a síndrome do "coitadinho de mim".

Abolindo a vitimização

É inconcebível que alguém se faça de vítima de alguma ocorrência ou situação. Essa é a pior postura que um empreendedor pode ter.

Você deve conhecer alguém que, quando acontece algo errado, já começa com aquela ladainha: "Isso só acontece comigo, eu não dou sorte, comigo as coisas nunca dão certo...". Ela sempre se faz de vítima.

Digo sempre que as pessoas mais infelizes do mundo são aquelas que acham que o outro é mais feliz, que a história do outro foi mais fácil. Geralmente, quando a pessoa tem esse tipo de pensamento, ela está numa armadilha mental para tirar o peso de suas responsabilidades e do poder de transformação e de melhora.

Existem quatro doenças que assolam as pessoas que não conquistam coisa alguma: a culpa, a reclamação, a justificativa e o vitimismo. Quando a pessoa reclama e se faz de vítima ou se justifica, ela entra em um vórtice de derrotas e acaba não realizando coisa alguma.

Se você começar a empreender e por alguma razão começar a se comportar como vítima de tudo o que acontece ao seu redor, pode ter certeza de uma coisa: você nunca terá sucesso. Por isso, seja senhor dos seus pensamentos e seja o responsável por tudo

AS PESSOAS MAIS INFELIZES DO MUNDO SÃO AQUELAS QUE ACHAM QUE O OUTRO É MAIS FELIZ, QUE A HISTÓRIA DO OUTRO FOI MAIS FÁCIL.

o que você está fazendo e vivendo, porque senão o sucesso não vai chegar para você.

Quando uma pessoa se faz de vítima, tudo gira em torno de ela querer criar um ambiente que justifique o fato de algo não ter dado certo. E assim ela exclui a possibilidade de achar o erro, a falha que foi cometida. Então, ela perde a chance de evoluir, de crescer, de aprender com seus erros, de se reposicionar quanto ao seu objetivo.

A vítima assume que não tem nada que possa fazer. Por isso mesmo, não faz coisa alguma. Deixa a situação correr solta, esperando que ela se resolva sozinha, ou que alguém a resolva.

Quem se faz de vítima vira um prisioneiro. Constrói sua própria cela, sua própria prisão, entra nela, tranca e joga a chave fora. A pessoa fica aprisionada naquele problema e não vai a lugar algum.

Quando visito grupos de trabalho em eventos em cidades pequenas, sempre aparecem pessoas que reclamam que "ali é uma cidade pequena e por isso é difícil fazer negócios". Quando viajo para cidades grandes, sempre aparecem pessoas que reclamam que "ali é uma cidade grande e por isso já tem muita competição". Se a cidade é muito quente, alguém reclama que ali faz muito calor e as pessoas só querem saber de praia. Em uma cidade que neva, alguém sempre vem me dizer que ali é gelado, as pessoas são muito fechadas e não gostam de sair de casa.

Todo lugar tem alguém se fazendo de vítima. Todo lugar tem alguém cometendo um erro muito infantil para quem empreende e quer conquistar alguma coisa na vida: colocar-se como vítima.

Não importa o lugar, quem quer empreender vai passar pelos mesmos desafios, os mesmos problemas. E para quem fizer papel de vítima, as desculpas serão sempre as mesmas – só mudarão de aparência e contexto.

Gente é gente em qualquer lugar do mundo, com as mesmas emoções, os mesmos sentimentos, os mesmos pensamentos. Então, o problema e a solução estão sempre conosco.

É preciso colocar uma coisa na cabeça: se você tiver sucesso na vida, a culpa será sua. Mas se você fracassar, a culpa também será sua.

Acabe com o papel de vítima. Seja o herói que levará você para onde você quer ir.

Discipline suas emoções

Qual é o maior divisor de águas entre as pessoas que conquistam algo e as que não conseguem aquilo que querem? Entre aquelas que terminam uma jornada empreendedora e alcançam seus objetivos e as que não conseguem fazer isso?

A resposta que dou a essa pergunta é muito simples: tudo depende do quão rápido você se frustra e de quanto tempo você leva para sair da frustração.

Se fizéssemos uma análise rápida em um grupo de empreendedores para saber quem chegará aos seus objetivos, eu apostaria no empreendedor que sabe realmente lidar com seus desapontamentos.

Você deve aprender a disciplinar os seus desapontamentos. Quão rápido você se frustra? Tem gente que se frustra muito depressa e muito cedo. Isso é péssimo; porque, quando empreende, você deve se cobrar, você é o seu próprio chefe, é você quem traça suas metas, seus sonhos. Se você se frustrar, será muito fácil largar mão, abandonar tudo e desistir.

E existem pessoas que se frustram com uma facilidade muito grande. São elas que não terminam o que começaram.

A maior certeza que eu tenho é de que, se você começar a empreender, terá desafios, terá provações, será testado, cairá muitas vezes. Agora, a pergunta é: você vai se frustrar quando isso acontecer? Vai começar a pensar que as coisas não dão certo para você? Enfim, cairá na doença da justificativa, da reclamação, da culpa, do "coitadinho de mim"?

Existem muitas coisas que vão desapontar você. Existem metas que você não vai conseguir atingir e que vão deixá-lo chateado. Tem hora que você vai trabalhar muito forte em uma meta, mas não vai conseguir alcançá-la. Isso deixará você frustrado e decepcionado. A questão é: quanto tempo você vai deixar essa frustração atrapalhar você? Quanto tempo você vai deixar que o seu desapontamento o impeça de levantar a cabeça e seguir adiante?

Existem situações que vão deixá-lo chateado? É claro que sim. Você tem sentimentos e emoções como todo mundo. Não dá para ignorar isso. Só que as coisas que o chateiam precisam ser superadas. Você precisa reagir forte e rapidamente.

Se antes de empreender você ficava chateado por um mês com algo que não deu certo, hoje você deve aceitar ficar chateado por apenas alguns minutos. Depois, levante-se e bola para frente.

É esse poder de reação que você tem que desenvolver para não deixar que suas emoções virem um bloqueio no meio da sua jornada para o sucesso. Porque, se você permanecer naquele estado de chateação por muito tempo, a sua *performance* e eficiência vão ser afetadas e baixarão.

É fundamental que você aprenda a disciplinar os seus desapontamentos e a gerir suas emoções. É bom você disciplinar o seu desapontamento para não desperdiçar um, dois, dez, cinquenta anos se lamentando. Se tivéssemos todo o tempo do mundo, qualquer coisa seria possível. Mas como não temos, é muito importante você ser imparável, não se deixar paralisar por emoções negativas.

Então, ao lidar com nossas emoções nas inevitáveis derrotas ao longo da nossa jornada de empreendedores, temos dois principais termômetros que precisamos observar:

! Quão rápido você se frustra? Qual é a velocidade com que você se desaponta? Quanto tempo você leva para desistir de algo?

! Quando você se frustra, quão rápido você se levanta para seguir adiante?

Existe uma música[3] bem antiga, do compositor Paulo Vanzolini, que diz exatamente como devemos nos comportar quando enfrentamos uma situação de frustração:

Reconhece a queda
E não desanima.
Levanta, sacode a poeira
E dá a volta por cima.

Existem muitas metas na sua vida que você não vai atingir. Isso faz parte da jornada para o sucesso. O fracasso é uma passagem para o sucesso. Então, nada de desanimar. É preciso reprogramar, corrigir a rota e seguir em frente.

Emoções e liderança

Uma das maiores habilidades da liderança é o gerenciamento das emoções – as suas e as da sua equipe. Para um líder, é fundamental ser capaz de gerenciar não só suas próprias emoções, como também gerenciar o medo, as frustrações, a ansiedade, as expectativas do seu grupo.

Sim, é isso mesmo. Você é responsável por estimular as emoções corretas no seu grupo, na equipe em que você participa ou lidera, no time que montou para jogar com você. É disso que dependem os resultados de cada um.

O líder eficaz é aquele que consegue tornar fáceis as coisas difíceis, tem a mensagem muito clara, objetivo nítido, intenções transparentes e precisas, e sempre faz tudo da maneira mais simples possível.

Um líder é capaz de gerir as emoções do time. Ele baixa a expectativa de quem está muito eufórico – porque a expectativa mal gerenciada causa frustração – e eleva a confiança de quem está inseguro – porque a falta de confiança atrapalha a boa *performance*.

---

3 VANZOLINI, Paulo. "Volta por cima". In: *Gostoso é sambar*. Intérprete: Dóris Monteiro. Phillips, 1963.

O medo sempre estará presente no nosso dia a dia e pode chegar a níveis bastante elevados em determinadas situações. Ele é um estado de alerta e é importante. Só que o excesso traz a incapacidade de ação, a paralização.

O líder de verdade é aquela pessoa capaz de reduzir o medo. Quando ele chega em um ambiente, todos ficam mais calmos, tranquilos, mais confiantes e a certeza da vitória se espalha por todo mundo. Com ele todo mundo se sente bem, porque ele eleva o espírito e extrai o melhor de cada um. Ele faz com que pessoas comuns tenham um resultado extraordinário.

A importância do alinhamento entre expectativa e realidade

Uma forma de gerenciar melhor suas emoções é evitando criar situações que o façam sofrer. Não é fugir da luta, e sim usar uma estratégia em que você possa manter-se equilibrado e com clareza de raciocínio.

O maior sofrimento no mundo empreendedor acontece quando não existe harmonia, o alinhamento entre suas expectativas e a realidade. E aqui eu quero chamar a sua atenção para uma ideia bem importante: é muito mais simples você gerir expectativas do que conter frustrações.

Você já pensou em quantas oportunidades são desperdiçadas diariamente porque sua expectativa não está em harmonia com a realidade?

É ótimo ter uma expectativa positiva sobre o seu projeto, sobre o seu negócio, sobre o que você está fazendo. Isso é fundamental, porque de nada adianta você começar alguma coisa achando que ela não vai dar em nada. Você deve acreditar que as coisas vão dar certo. Porém, é muito importante ter um alinhamento realista das suas expectativas. É muito importante ter a expectativa de que você vai conseguir vencer, mas também é necessário aceitar que você vai enfrentar desafios, que vão surgir surpresas não agradáveis, que vai haver retrabalho, reconstruções, que vão existir coisas próprias do cotidiano de uma jornada antes de chegar à vitória.

Não existe nenhuma história de sucesso em que a pessoa não tenha tido que passar por grandes dificuldades e vencer grandes

É MUITO MAIS SIMPLES VOCÊ GERENCIAR EXPECTATIVAS DO QUE CONTER FRUSTRAÇÕES.

desafios. Então, é muito importante estabelecer essa harmonia entre a realidade e as suas expectativas.

Isso vale também para o trabalho em grupo. Se você trabalha liderando pessoas, trabalha com um time, trabalha muito em equipe, um dos maiores segredos desse convívio é você não esperar nada de ninguém em particular. Porque é muito melhor ser surpreendido de uma forma positiva do que ter uma expectativa alta em uma pessoa que não cumprirá com sua meta, gerando uma tremenda frustração fruto da expectativa não correspondida. É claro que você deve acreditar nas pessoas do seu grupo e incentivá-las, mas não fique esperando que os seus resultados venham dos resultados de uma ou outra pessoa em específico.

Quando você empreende, é ótimo ter fé que vai conseguir e uma expectativa positiva, controlada e sadia. Mas tudo fica melhor ainda, quando essa expectativa está em harmonia com a sua realidade. Isso gera menos frustrações e, quando a frustração surgir, você dará conta de sair dela em menos tempo.

Expectativa sem preparação é imaturidade

Não adianta ter uma expectativa alta sobre aquilo que está fazendo, se você não se preparar, não se programar, não planejar, não pegar as informações necessárias para transformar aquela ideia e aquele objetivo em realização. É fundamental ter expectativa positiva, mas de uma maneira controlada.

Por isso, a expectativa deve estar em harmonia com a preparação. Quanto maior a sua expectativa sobre aquilo que está fazendo, maior deve ser a sua preparação. Senão você vai se frustrar, e é aí que moram a decepção, o desânimo e, muitas vezes, até mesmo a desistência do seu projeto.

A decepção mora no desalinhamento entre a preparação e a expectativa. Você está esperando muito de alguma coisa, mas não se prepara para conquistar o que quer. Você não consegue atingir o seu objetivo e se frustra. Isso se torna uma avalanche de emoções negativas que leva seu emocional para baixo.

GERIR EMOÇÕES É ESTABELECER
A HARMONIA ENTRE EXPECTATIVA E
REALIDADE.

Sua jornada terá desafios e isso faz parte do processo. Afinal, como reza o ditado popular: "quem não tem problemas é quem está no cemitério".

O empreendedor é aquela pessoa com alta capacidade de resolução de problemas, porque ele se prepara para isso diariamente. Portanto, tenha a preparação como uma aliada para transformar suas expectativas em algo concreto no futuro.

Tudo está em suas mãos e em suas emoções

Então, você precisa muito ter esse poder de gerir emoções. Isso é fundamental. Você precisa ser hábil em tratar emoções, não só as das pessoas do seu grupo, mas também e principalmente as suas. Porque a primeira pessoa que você vai ter que vencer é você mesmo.

Você é a única pessoa capaz de desistir das coisas que você quer. Ninguém pode desistir por você. Ninguém pode abrir mão por você das coisas que você pretende realizar. Se você está empreendendo, é o único capaz de dizer: "Chega, não quero mais, parei, vou abrir mão". E também é o único capaz de dizer para si mesmo: "Vou seguir em frente, apesar das dificuldades".

Você tem o poder de fazer todas as escolhas na sua vida. Mas tudo que escolhe transforma você.

Então, é preciso ter serenidade nas suas decisões. Por isso, um dos cuidados mais importantes a ser adotado nas tomadas de decisão é: nunca tome uma decisão importante na sua vida logo após ter tropeçado. Porque, quando você tropeça, quando tem um fracasso momentâneo, falha em alguma coisa que jurava que iria realizar, seu emocional fica temporariamente abalado.

Nunca tome uma decisão importante com o seu emocional alterado. Porque não será você tomando essa decisão. Quem vai tomar a decisão serão as suas emoções. Pode ser a mágoa de uma frustração, às vezes, um desespero, outras vezes uma raiva que toma conta do seu raciocínio, e a chance de você tomar uma péssima decisão cresce assustadoramente. Em geral, é nessa situação que o arrependimento mora.

NUNCA TOME UMA DECISÃO
IMPORTANTE NA SUA VIDA LOGO APÓS
TER TROPEÇADO.

A partir de agora, comprometa-se com você mesmo a nunca mais tomar uma decisão importante em sua vida logo após um grande tropeço. Você vai perceber que estará muito mais sereno nas horas em que efetivamente tiver que decidir sobre rumos importantes a tomar em sua vida.

Esse seu compromisso terá um peso enorme nas decisões que você vai tomar na sua jornada para o sucesso.

Agora, é importante analisar também o outro lado da história. Acredito que um dos dias mais perigosos da sua jornada é aquele depois da sua vitória. É um dia muito perigoso, porque existe um risco de você passar a acreditar que já é bom o suficiente, que está ótimo como está, que tudo está maravilhoso e que você não precisa trabalhar mais. O sentimento de que você já é perfeito e já encontrou tudo o que queria leva-o facilmente a perder a linha, a esquecer o seu objetivo maior.

O dia em que você acreditar que já é bom o suficiente, que é o melhor, vai ser o fim dos seus dias de glória. Porque você vai parar de plantar, vai parar de crescer. E quem não está crescendo, está morrendo.

Pelas minhas observações na área em que trabalho, acredito que em cada cem pessoas que atingem o sucesso, apenas uma delas leva esse sucesso para o resto de sua vida. Porque as outras 99 acreditam que já fizeram o suficiente e começam a decair. Você precisa sempre acreditar que ainda dá para aprender, para melhorar sempre.

É importante que, em qualquer jornada empreendedora, você desenvolva certa resiliência emocional, uma força emocional. E nesse ponto, o que tenho comprovado, trabalhando com milhares de pessoas durante muito tempo, é que não existe maneira de ficar forte emocionalmente sem ser desafiado e testado em suas emoções.

Você só fica forte emocionalmente depois de vários grandes tropeços. Então, é preciso ter consciência de que eles vão existir sempre, e que são benéficos. Assim, quando você tropeçar, vai lembrar que isso faz parte da jornada e que essa é mais uma oportunidade de crescer, uma nova lição a ser aprendida.

Só existe uma maneira de tornar-se emocionalmente resiliente: caindo, aprendendo, levantando, sacudindo e recomeçando.

Portanto, torne-se resiliente: viva suas emoções, aprenda com elas, ajuste seu rumo e siga em frente, pronto para viver novas emoções.

CONCLUSÃO: TORNE-SE IMORTAL

Acredito fortemente que o Brasil precisa de pessoas FODA, que o mundo precisa de pessoas FODA. O mundo precisa de pessoas que se mostrem com autenticidade, que transpareçam felicidade, que exalem otimismo; pessoas que transpirem determinação e que demonstrem abundância. Esta é a solução para um mundo que parece ter perdido suas cores, sua beleza e sua alegria. Este é o caminho para o mundo ser um lugar cada vez mais incrível para se viver.

Tenho certeza de que, na sua família, há ou já houve, uma pessoa FODA. Às vezes, é um avô, o pai, a mãe, um tio... aquela pessoa é a âncora da família, o grande pilar de sustentação familiar. Analisando com atenção, você perceberá o quanto essa pessoa contribui para que todos tenham mais harmonia e mais felicidade.

Por isso, este livro tem como grande objetivo resgatar, estimular, aprimorar, polir, elevar e fazer brilhar o FODA que existe dentro de você. Liberar o espírito FODA que existe dentro de cada ser humano. Porque, como disse o filósofo e médico alemão Albert Schweitzer: "Tragédia não é quando um homem morre. É quando morre algo dentro de um homem quando ele ainda vive". E, para mim, quando o espírito FODA de um homem morre, o futuro dele deixa de existir.

Estas são duas das coisas mais incríveis que Deus nos deu: a primeira é ter a certeza de que vamos morrer, e a segunda é não saber quando.

Eu acho de uma beleza incrível saber que vamos morrer. Porque o ser humano é o único animal com a consciência de que vai morrer. O seu cachorro nem suspeita de que vai morrer, o seu gato nem faz ideia disso; mas, tenho certeza de que, desde que começou a ler este parágrafo, você está pensando que um dia vai morrer.

QUANDO O ESPÍRITO FODA DE
UM HOMEM MORRE, O FUTURO DELE
DEIXA DE EXISTIR.

Não saber quando vamos morrer é o que dá o tempero da coisa, o sabor da vida. Saber que a gente vai morrer e não saber quando é a perfeita combinação para a expressão de uma palavra: Aproveite!

Então, aproveite e seja FODA nos seus relacionamentos, seja FODA na sua vida profissional, seja FODA dentro da sua família, nas suas amizades, em todas as áreas a que você pertence. Porque sendo FODA é que a gente muda o mundo, começando por nós mesmos. Seja FODA, porque está claro que você não veio para este mundo para ser apenas mais um, para não realizar nada, sem contribuir para um mundo melhor. Você não veio para sair daqui sem deixar nada de bom.

O maior medo que eu tinha na vida era de morrer. Pelo menos era isso que eu pensava. Porém, depois de muitos anos viajando, conhecendo pessoas, crescendo e me desenvolvendo pessoal e profissionalmente, consegui identificar que, na verdade, nunca tive realmente medo de morrer. O que eu sempre tive foi medo de ser esquecido. Medo de não deixar nada, de passar em branco por esta vida, medo de que, daqui a duas ou três gerações, a minha família não se lembrasse mais de mim. Que o neto da minha filha já não soubesse mais o meu nome.

Foi então que percebi que, no momento em que você deixa no mundo algo maior do que a sua própria vida, isso se torna o seu legado, se transforma em algo que transcende a sua própria existência. E também compreendi que a única maneira de deixar um legado dessa importância é você tomar a decisão de ser FODA. Só quem é FODA é positivo e compartilha abundância com o mundo com muita intensidade. Somente quem é FODA se torna, de verdade, imortal.

Meu maior desejo para a minha vida, e que quero compartilhar com você, é que, no final da nossa jornada, a gente possa olhar para trás, bater no peito com o coração cheio de felicidade, sem falsa modéstia, mas com plena convicção e serenidade, e dizer: nossa vida foi FODA.

Espero sinceramente que você tome a decisão de se tornar um imortal. Que você seja sempre lembrado pela diferença que

QUANDO AS PESSOAS POSITIVAS
COMEÇAREM A COMPARTILHAR SUAS
EXPERIÊNCIAS COM INTENSIDADE,
O MUNDO SERÁ UM LUGAR MUITO FODA.

fez na vida de alguém, pelo impacto que causou na sua família, pela marca positiva que deixou no mundo, pela influência inspiradora em comunidades e entre os jovens.

Enfim, meu desejo mais sincero é que você seja para sempre lembrado, porque você decidiu e se tornou FODA.

caiocarneiro
caiocarneirooficial
caiocarneiro.com
caiocarneiro

CAIO CARNEIRO é pai da Bella e do Theo e esposo da Fabi. Empreendedor, investidor, palestrante e autor de *Enfodere-se!*, também publicado pela Buzz Editora. Profissional de Marketing de Relacionamento há quase uma década, conseguiu enorme destaque dentro do mercado da venda direta ainda muito jovem, aos 25 anos, somando mais de dois bilhões em vendas. É considerado pela *Business For Home* um dos líderes mais influentes do mundo dentro do Marketing de Relacionamento, entrando para o Hall da Fama da profissão (Las Vegas, EUA) em 2018, por toda a contribuição gerada. Há mais de cinco anos documenta sua vivência e aprendizado nas redes sociais, conectando-se com milhões de pessoas. Foi indicado ao prêmio de Influenciador do Ano na categoria "Negócios e Empreendedorismo".

FONTES Andada e New Grotesk Square
PAPEL Alta Alvura 75 g/m²
IMPRESSÃO RR Donnelley